SUR LA ROUTE D'INDIANAPOLIS

Sébastien Gendron

Magnard Jeunesse

Ce n'est pas la destination
qui compte, c'est le voyage.
Jack London

À Sarah et Hugo

Illustration de couverture : Tom Haugomat

5 allée de la 2e DB – CS 81529 – 75726 Paris 15 Cedex
www.magnardjeunesse.fr

Loi n° 49-956 du 16-07-1949 sur les publications destinées à la jeunesse.

ISBN : 978-2-210-96248-4

Prologue

Kilomètre zéro.

Gare routière de Chicago, 630 West Harrison Street.

– Et surtout, tu ne descends pas du bus. Sous aucun prétexte. Tu m'entends Lilian ?

– Mais oui, ne t'inquiète pas, Isa. De toute façon, où voudrais-tu que j'aille ?

Tante Isa m'a souri, puis elle m'a passé une main dans les cheveux. Je voyais bien que les larmes commençaient à lui monter aux yeux. Heureusement, John est arrivé pour remettre un peu de bonne humeur. Il m'a tendu un sac en papier brun en me disant :

– Je t'ai pris un double cheeseburger comme tu les aimes.

– Et un Coca ?

– Et un Coca, évidemment.

Un coup de klaxon a résonné dans la gare routière et j'ai vu arriver cet engin magnifique. Ce n'était pas un bus comme les autres. C'était une machine incroyable, énorme, avec une carrosserie métallique si impeccable que tout s'y reflétait comme dans un miroir. Sur les parois, on voyait s'étirer le long dessin d'un lévrier en pleine course. Sous cette silhouette élancée, on pouvait lire le mot « Greyhound ». C'était là-dedans que j'allais voyager, seul, pendant les cinq prochaines heures, pour aller rejoindre Papa à Indianapolis. Mon cœur s'est mis à battre et je n'ai pas très bien su si c'était l'inquiétude ou l'excitation. La seule chose dont j'étais certain à ce moment-là, c'est que mon séjour aux États-Unis touchait à sa fin.

Nous étions en juillet 1976. J'avais onze ans. Au début du mois, alors que le collège fermait ses portes pour les grandes vacances, Papa m'avait dit :

– Ça te dirait qu'on parte ensemble aux États-Unis ?

J'avais ouvert des yeux grands comme des assiettes. Les États-Unis ! J'allais enfin avoir des trucs intéressants à raconter aux copains à la rentrée, pas que des souvenirs de balades en canoë dans les gorges du Tarn.

1976

En 1976, on avait déjà marché six fois sur la Lune, la plus grande tour du monde faisait presque cinq cents mètres de haut et un avion, le Concorde, permettait de voyager de Paris à New York en seulement trois heures. Pourtant, en 1976, il n'y avait pas Internet et les ordinateurs avaient des disques durs si gros que je n'aurais même pas pu en avoir un dans ma chambre. Pas de GPS dans les voitures non plus, juste d'immenses cartes routières qu'il fallait déplier puis replier avant de partir, ce qui prenait un temps fou. Et si vous vouliez téléphoner dans la rue, il fallait trouver une cabine. Parce qu'en 1976, bien sûr, le téléphone portable n'existait pas.

À cette époque, le monde allait tout aussi vite qu'aujourd'hui. Il fallait juste être un peu plus patient ou bien tenter l'aventure.

Chapitre 1

Yannick Le Floch et la Porsche 403 de mon père

Je détestais Yannick Le Floch, pour plusieurs raisons. Mais la dernière valait, à elle seule, toutes les autres. Ça s'était passé à la cantine, une semaine avant les grandes vacances.

J'étais arrivé en retard au dernier service et toutes les tables étaient occupées. La seule place qui restait, c'était à la table de Yannick. Il mangeait là tous les midis, avec sa petite bande de potes, cinq imbéciles qui étaient prêts à tout pour rester dans l'entourage de ce garçon pourtant détestable. J'avais faim, je me suis dit que je n'allais pas m'attarder, alors je me suis approché et j'ai demandé :

– Je peux m'asseoir ?

Je savais bien que j'avais coupé Yannick au beau milieu d'une de ses fameuses histoires qu'il aimait raconter pour épater la galerie : son père qui était pilote de ligne chez Air France ; sa mère, mannequin pour Christian Dior ; lui, classé 30.2 au tennis ; et enfin sa chambre pleine de jeux hallucinants. La vie avait tellement gâté Yannick Le Floch qu'il prenait tout le monde, même ses propres amis, pour des moins que rien tout juste bons à écouter ses vantardises.

Bizarrement, Yannick n'a pas mal réagi à mon intervention. Il m'a même répondu :

– Mais bien sûr, Vivian, que tu peux t'installer…

– Lilian, pas Vivian.

– Oh ! Pardonnez-moi, môssieur Lilian.

Christophe Franco, le garçon à sa droite qui prétendait être son meilleur ami, a pouffé. Je me suis assis, bien décidé à avaler mon steak-frites à toute vitesse et à ne pas traîner dans les parages. Pendant un court instant, plus personne n'a fait attention à moi. Il faut dire que Yannick était en train de parler de la toute nouvelle Jaguar XJS que son père venait d'acheter grâce à sa prime professionnelle. Forcément, ils m'avaient tous oublié. Et puis, tout à coup, alors que je venais d'entamer ma tarte aux pommes, j'ai entendu cette phrase :

– Et toi, ton père : il a quoi comme voiture ?

J'ai relevé la tête pour voir ce qu'allait répondre celui à qui cette question était destinée et je me suis rendu compte que toute la tablée me regardait. Je ne sais pas vraiment ce qui m'a pris à ce moment-là, mais j'ai dit, sans réfléchir :

– Moi ? Euh… ben, une Porsche.

Là, j'ai vu cinq bouches qui s'ouvraient et une qui se tordait. Celle de Yannick. Il devait sentir qu'il y avait une sacrée concurrence avec la nouvelle Jaguar de son père, il a donc aussitôt demandé des précisions :

– Ah ! Ouais ? Et quel modèle ?

Comment ça, quel modèle ? Pour ce que j'en savais, une Porsche, c'était une Porsche, non ? Quand Yannick a souri, j'ai compris qu'il y avait un piège et que j'allais tomber dedans d'une manière ou d'une autre.

– Une Porsche 403, 404, 505 ? Laquelle ?

– Euh… C'est une 403.

Christophe Franco a pouffé à nouveau, comme si c'était sa seule façon de communiquer. Le Floch lui a donné un coup de coude et, le plus sérieusement du monde, il m'a balancé :

– Tu vois Vivian, quand on veut faire le malin devant les autres, faut avoir les moyens, mec. La Porsche 403, ça n'existe pas. Ton père, c'est pas une Porsche qu'il a, c'est une *Peugeot* 403. Tu racontes vraiment n'importe quoi. Tout le monde le sait ici. Comme cette histoire que t'as racontée sur ta mère, en début d'année. Je m'en souviens très bien.

J'ai senti le sang commencer à battre très fort contre mes tempes et j'ai prononcé calmement :

– Arrête.

Mais Yannick était lancé, trop content de me ridiculiser :

– Que j'arrête quoi ? Si ta mère est morte, la mienne, c'est la princesse de Monaco ! T'es rien qu'un sale menteur, Lilian. Dégage de ma table !

Autour de moi, les cinq copains de Le Floch se sont mis à rigoler alors que Yannick me regardait avec un air mauvais. J'ai senti le chagrin et la colère m'envahir. J'ai regardé mon plateau et j'ai vu le reste de ma tarte aux pommes. La seconde suivante, elle était étalée sur le visage de ce crétin de Le Floch.

Mes petits mensonges

Non, je ne suis pas un menteur. C'est juste que dans ce collège, j'ai l'impression d'être un pas-grand-chose à qui il n'arrive jamais rien comparé aux autres. Alors, c'est vrai que depuis la rentrée de septembre, je me suis inventé tour à tour :

– un père architecte qui a travaillé sur la maquette de la tour Montparnasse (alors que mon père est juste imprimeur) ;

– un baptême de l'air dans un Mirage 4 au cours d'une visite au Salon du Bourget (alors que je n'ai pas pu monter à bord de l'appareil exposé, malgré une heure d'attente) ;

– une maison de vacances à Ars-en-Ré (alors que mon père a tout juste les moyens de nous payer un camping dans les gorges du Tarn chaque été) ;

– une collection de cinquante Big Jim avec tous les accessoires (alors que j'en ai seulement deux, et encore, le premier a un bras cassé) ;

– *un voyage à Tokyo l'été dernier (alors que Papa m'a laissé chez Papy et Mamy, à Chevreuse, parce qu'il n'a pas pu prendre de vacances).*

Chapitre 2

La décision

Papa n'a rien dit jusqu'à ce qu'on soit rentrés à l'appartement. Là, il m'a fait asseoir dans le canapé et il m'a regardé pendant de longues secondes. M. Lestrades, le directeur du collège, n'avait pas mâché ses mots quand il lui avait expliqué ce qui s'était passé à la cantine. Mon père l'avait écouté en baissant les yeux. Maintenant, j'allais devoir expliquer pourquoi j'avais d'abord jeté ma tarte aux pommes au visage de Yannick Le Floch, puis mon verre d'eau, avant d'attraper le pichet et de le lui renverser dessus. Si les pions n'étaient pas intervenus aussitôt, je crois bien qu'en plus, je l'aurais assommé avec mon plateau. Je voyais mal comment Papa aurait pu comprendre ce genre d'attitude, mais je n'avais pas le choix, il fallait bien que je justifie mon acte :

– Il m'a dit que j'étais un sale menteur et que j'avais même inventé la mort de Maman…

Papa m'a interrompu :

– Tu n'as pas à m'expliquer ce qui s'est passé à midi. Je crois que M. Lestrades a été assez clair sur ce point. Et j'ai très bien entendu ce que tu as dit pour te défendre.

Puis il a laissé passer un petit temps de silence avant de me déclarer :

– Lilian, il y a assez peu de choses dans la vie qui méritent qu'on mente. Surtout à ton âge. Tu penses que tes copains valent mieux que toi et qu'il faut que tu sois à leur hauteur, mais tu te trompes. Moi, je suis fier de toi. Maman aussi, elle était fière de toi. Tu es un chouette garçon, tu peux me croire. Voilà, c'est tout. Maintenant, on peut passer à autre chose.

Mes yeux ont commencé à me piquer. Papa s'est levé pour aller dans la cuisine et est revenu avec un verre d'eau qu'il a posé devant moi. Puis il m'a demandé, comme ça, l'air de rien :

– Ça te dirait qu'on aille ensemble aux États-Unis ? On part dans deux jours à Chicago chez Isa et John et au retour, on fait un crochet par Indianapolis ? C'est l'imprimerie qui paye le voyage, j'ai un client à rencontrer là-bas. J'ai l'impression que tu as besoin de te changer les idées. Tu as de sacrées notes en anglais, mais je ne t'ai jamais entendu parler, alors, je me dis que ça serait un bon prétexte, non ? Qu'est-ce que tu en penses ?

– C'est une blague, papa ?

Non, ça n'en était pas une du tout. Deux jours plus tard, nous atterrissions à Chicago. Tante Isabelle, la sœur de Maman, nous attendait à la sortie de l'aéroport. Elle m'a pris dans ses bras en me serrant fort contre elle. Moi, je n'avais d'yeux que pour l'immensité de tout ce que je voyais autour de moi. Et des choses gigantesques, pendant une semaine, j'allais en voir des centaines.

Tous les jours, nous avons pris la route pour aller découvrir de nouveaux endroits. On avalait un petit-déjeuner énorme que mon oncle John appelait le *breakfast of champions* et on montait dans sa grosse voiture. On traversait des paysages incroyables pour arriver dans des lieux encore plus délirants. Le soir, on allait au cinéma ou voir une comédie musicale, ou bien encore dans des restaurants où on nous servait des hamburgers tellement énormes que j'avais du mal à les finir. Quand je me couchais le soir, j'étais si époustouflé par les souvenirs de la journée que j'arrivais à peine à m'endormir. Et quand Papa venait me tirer du lit le matin, je sautais sur mes deux pieds, prêt pour une nouvelle journée.

Jusqu'à ce jour où, en rentrant des chutes du Niagara, Papa a appelé le client qu'il devait rencontrer à Indianapolis la semaine suivante. Quand il a raccroché, il faisait une drôle de tête. Il est allé discuter un moment avec Tante Isa dans la cuisine pendant que je regardais des dessins animés de Tex Avery avec John.

Enfin, Papa est revenu au salon, il s'est assis en face de moi et il m'a dit :

– Bon, Lilian, il y a un petit changement de programme. En fait, il va falloir que je parte demain pour Indianapolis. Mon rendez-vous a été avancé de deux jours. Je ne peux pas faire autrement.

J'ai senti une grosse boule se former dans mon estomac. Ça y était, les vacances étaient terminées, et plus tôt que prévu en plus. Je me suis senti très triste. Papa s'en est rendu compte immédiatement, alors il m'a dit :

– Bon, j'allais te donner le choix entre deux possibilités, mais je crois qu'on va tout de suite passer à la seconde.

Il a regardé Tante Isa qui venait d'entrer dans le salon en lui souriant. Je ne respirais plus.

– Tu vas rester avec Isa et John…

J'ai soufflé un grand coup.

– Et après-demain, ils t'accompagneront à la gare routière de Chicago. Là, tu prendras un bus pour venir me rejoindre à Indianapolis. Je t'avertis, c'est cinq heures de trajet. Ensuite on passe la nuit là-bas, et le lendemain, on reprend l'avion pour Paris. Qu'est-ce que tu en dis ? Tu n'as pas peur de voyager seul ?

Peur, moi ? Après tout ce que je venais de vivre, l'idée de faire un trajet tout seul entre deux villes m'apparaissait surtout comme une aventure de plus.

À cet instant, je n'imaginais évidemment pas que le mot « aventure » ne serait pas assez fort pour résumer tout ce que j'allais traverser au cours de ce *petit* voyage d'à peine cinq heures.

Une semaine dans l'Illinois

Une semaine, c'est court. Et particulièrement aux États-Unis. Car croyez-moi, des choses à faire et à voir, il y en a des tonnes. Voici, en quelques étapes, ce que j'ai découvert avec John et Isa au cours de nos voyages à travers l'État de l'Illinois :

– **Springfield** : *contrairement à ce qu'on croit, ce n'est pas Chicago la capitale de l'Illinois, mais Springfield. Ici s'est installé Abraham Lincoln qui deviendra le seizième président des États-Unis en 1860.*

– **Chicago**, *évidemment : la troisième ville des États-Unis, avec ses deux millions d'habitants, ses tours démesurées, dont la fameuse Willis Tower qui avec ses 442 mètres était, en 1976, la plus haute tour du monde.*

– **Les Grands Lacs** : *ils sont cinq et on dirait des océans tellement ils sont immenses. Il y a le lac Supérieur, le lac Michigan, le lac Huron, le lac Érié et le lac Ontario.*

– **Les chutes du Niagara** : *pour cette incroyable visite, nous avons roulé pendant une journée entière. Les chutes se trouvent entre le lac Érié et le lac Ontario, et marquent la frontière avec le Canada.*

– **Les Cahokia Mounds** : *ce site immense fut l'un des lieux de vie de la civilisation amérindienne avant que les colons venus d'Europe n'envahissent l'Amérique du Nord. J'ai compris ici combien la création des États-Unis avait été un désastre pour les populations indiennes.*

Chapitre 3

Le départ pour Indianapolis

Kilomètre zéro.
Gare routière de Chicago, 630 West Harrison Street.

Le chauffeur, une sorte de gros type hirsute et rougeaud, est descendu du bus Greyhound et a ouvert les coffres à bagages. John s'est saisi de ma valise et, pendant qu'il la rangeait, Isa m'a serré dans ses bras.

– Tu reviens vite nous voir, hein ? Promis ?

John m'a tendu sa main pour que nous échangions un *check*, comme il m'avait appris à le faire : poing contre poing, claquer les mains l'une contre l'autre, puis à nouveau poing contre poing en se faisant un clin d'œil. Il m'a fait un grand sourire avec ses dents toutes blanches comme on n'en voit d'habitude que sur les affiches publicitaires, et il s'est écrié en anglais :

– *That's my guy ! And don't forget to write, sonny*[1] !

Un long coup de klaxon a alors retenti. Penché à l'extérieur de sa cabine, le chauffeur nous a crié :

– Vous montez, oui ou non ?

John lui a fait un signe de la main pour le calmer un peu et nous nous sommes dirigés vers les portes de l'autocar. Au moment où j'allais grimper à l'intérieur, Isa m'a à nouveau pris dans ses bras. J'ai senti cette boule qui revenait dans mon estomac et contre laquelle je ne pouvais rien faire. John a posé une main sur son bras en disant :

– Chérie, il faut qu'il y aille, maintenant.

Je suis monté et j'ai tendu mon ticket au chauffeur qui ne m'a même pas jeté un regard. Alors que je remontais l'allée pour me chercher une bonne place, d'où je pourrais bien voir la route, j'ai entendu Isa qui parlait avec lui. Je n'ai pas bien compris ce qu'elle disait, mais le chauffeur lui a répondu d'un ton sec :

– Je suis pas chef scout, moi, madame. Juste chauffeur. Il sait où il doit descendre, votre gamin ?

– Oui, mais…

– Tout ira bien, vous inquiétez pas. Restez pas dans les portes, merci bien. Monsieur, votre ticket s'il vous plaît.

Un homme en costume gris venait de monter dans le bus et Tante Isa a reculé sur le trottoir. J'ai vu qu'elle

1. « Ça, c'est un vrai petit mec ! Et n'oublie pas de nous écrire, fiston ! »

me cherchait du regard alors j'ai frappé au carreau. Elle a accouru au moment où le bus démarrait. J'ai posé mes deux mains contre la vitre, je l'ai regardée une dernière fois, les yeux dans les yeux, et les larmes se sont mis à couler sur nos visages. J'aurais voulu courir, sortir de là, retomber dans ses bras. Mais le bus commençait à s'ébranler. John a pris Isa contre lui et ils m'ont fait au revoir de la main. Nous avons quitté le quai. Je me suis plaqué contre la vitre comme si je pouvais retenir l'instant. Quand Isabelle et John ont disparu derrière l'appuie-tête, n'y tenant plus, je me suis effondré sur ma banquette.

La compagnie Greyhound

*Cette compagnie de transport par bus, qui parcourt aujourd'hui tous les États-Unis, a été créée au Texas, en 1914, par Carl Éric Wickman, un Suédois, pour transporter ses collègues mineurs sur leur lieu de travail. L'entreprise, d'abord baptisée Société de transports de Mesaba, se développe vite et prend finalement le nom de Greyhound en 1926 quand Ed Stone, l'associé de Wickman, remarque que leurs bus ressemblent à des lévriers (*greyhound *signifie « lévrier » en anglais).*

Les bus de la compagnie Greyhound sont légendaires. Leurs silhouettes sont reconnaissables entre toutes grâce à leurs carrosseries métalliques brillantes et au logo du lévrier qui marque leurs flancs. Aujourd'hui, ils desservent plus de trois mille destinations à travers toute l'Amérique du Nord.

Celui dans lequel j'ai voyagé ce jour-là entre Chicago et Indianapolis était un modèle MCI Challenger magnifique, qui sortait tout juste de la chaîne de montage.

Chapitre 4

La route

Je n'ai pas pleuré très longtemps. La traversée de Chicago ce matin-là m'a vite changé les idées. À l'époque déjà, c'était un véritable parc d'attractions. Je n'avais pas assez de mes deux yeux pour tout voir. Mon bus se déplaçait sous les immenses buildings comme un minuscule insecte. Autour de nous, sur les grandes avenues, les voitures fonçaient de toutes parts et se taillaient un chemin à grands coups de klaxon. Des véhicules de police noir et blanc nous doublaient, avec leurs sirènes sifflantes. Des milliers de gens marchaient sur les larges trottoirs d'un pas pressé. Puis soudain, au bout d'une avenue, nous débouchions sur un pont magnifique qui enjambait un canal. Pendant quelques instants, tout redevenait calme. Et une fois le pont franchi, le bruit revenait, d'un coup. Je tournais la tête dans tous les sens, la bouche grande ouverte. Paris, à côté, m'apparaissait à peine plus grand que le village d'Astérix.

– Ça va mieux ?

J'ai levé la tête. Au-dessus de moi, penché sur le dossier de sa banquette, j'ai vu cet homme qui me regardait en souriant. Celui qui était monté juste après moi. Je l'avais remarqué parce qu'il portait ce costume gris un peu démodé et qu'il ressemblait à l'un des acteurs préférés de mon père. J'ai repensé aux nombreux avertissements que Tante Isa m'avait donnés tandis que nous roulions vers la gare routière : « Et surtout, tu ne parles à personne, d'accord ? » Je me suis donc contenté de répondre au type en hochant les épaules. Il m'a fait un clin d'œil avant de reprendre sa place. Et puis soudain, tout s'est arrêté.

Plus de bruit à part le ronronnement du moteur sous mes pieds. Plus de tours immenses. Juste l'horizon autour de nous et cette route toute droite qui semblait ne pas avoir de fin. Ça y était. Nous venions de quitter Chicago. C'est alors que je me suis retourné et que j'ai vu la ville qui s'éloignait par la vitre arrière. On aurait dit un gigantesque navire posé sur une mer calme. C'était ça aussi, les États-Unis, en 1976 : des villes monstrueuses posées au milieu de nulle part.

Pendant quelques kilomètres, nous avons encore traversé des zones commerciales, avec de grands parkings pleins de voitures qui étincelaient sous le soleil ardent, puis tout cela aussi a disparu. À mon poignet, j'ai regardé la montre que Papa m'avait achetée au cours de notre escapade aux chutes du Niagara. Sur le cadran, il y avait un magnifique Captain America qui brandissait son bouclier en « vibranium » et semblait prêt à vous sauter dessus. Il était une heure de l'après-midi. J'ai ouvert le sac en papier que m'avait donné John, j'ai déballé le double cheeseburger et j'ai mordu dedans avec délice. Les petites tranches de cornichons ont craqué sous mes dents, le goût sucré des oignons a empli mon palais et je me suis enfin détendu. Je me suis calé contre le dossier de mon siège, j'ai ouvert ma canette de Coca et j'ai tourné le visage vers la vitre pour regarder défiler le paysage : de grands champs s'étalaient à perte de vue.

J'étais bien. J'étais même mieux que bien. À cet instant, j'aurais aimé que ce voyage ne s'arrête jamais, que cette route continue sur des milliers de kilomètres. J'aurais voulu être comme ces gens autour de moi : un Américain qui se déplace d'une ville à l'autre, et pas un petit Français qui s'apprête à rentrer chez lui. Moi aussi, je voulais faire partie de ce rêve-là.

J'ai dégusté ma dernière bouchée de hamburger et j'ai vidé mon Coca d'une traite. Le chauffeur a tendu une main vers le petit poste de radio qu'il avait coincé sur son tableau de bord et il a changé la station qui commençait à grésiller. J'ai aussitôt reconnu le morceau de musique. Ça faisait partie des chansons que John passait sur son autoradio quand on prenait la route chaque jour. Celle-là s'appelait *Born to be wild* et ça démarrait sur les chapeaux de roue. Mon pied s'est immédiatement mis à battre la mesure.

Captain America

Papa m'achetait souvent les magazines Marvel dans lesquels je lisais les aventures de tout un tas de superhéros incroyables. Mon préféré, c'était Captain America (Steven Rogers, de son vrai nom), parce qu'on avait pas mal de points communs, lui et moi. D'abord, quand il était petit, il était plutôt gringalet. Résultat, il avait des problèmes avec ses copains d'école. Et puis lui aussi, sa mère est morte, alors du coup, il avait souvent tendance à se réfugier dans l'imaginaire. Vous voyez le tableau ? Exactement comme moi, je vous dis !

Bon, après, ça devenait un peu bizarre, son histoire – comme toujours avec les superhéros, d'ailleurs… Steven était trop chétif pour être envoyé au front pendant la Seconde Guerre mondiale et ça le frustrait énormément. Alors on lui a proposé d'être le cobaye d'une expérience secrète et on lui a injecté un sérum qui l'a rendu superpuissant. C'est comme ça qu'il est devenu ce soldat invincible, portant à son bras un bouclier en « vibranium », un alliage de métal qui le protège de tout. Au cours de ses aventures, Captain America s'est finalement fait pas mal de copains, des types avec des superpouvoirs comme lui, parmi lesquels Bucky et Le Faucon.

Chapitre 5

George Kaplan

L'autocar a fait une première pause à Hammond. J'ai consulté ma montre. Ça faisait à peine une heure qu'on avait quitté Chicago et je commençais à regretter d'avoir bu mon Coca aussi vite. Au moment où nous nous garions le long du quai de la gare routière, l'homme au costume gris s'est levé et il a regardé autour de lui d'un air inquiet. Puis il a remonté l'allée pour aller parler avec le chauffeur. J'ai entendu ce dernier répondre un peu sèchement :

– Non, Prairie, c'est le prochain arrêt. Dans une heure. Restez pas là, vous gênez le passage.

L'homme en costume gris a reculé pour laisser monter une dame accompagnée d'une petite fille. En passant à côté de moi pour rejoindre le fond du bus, la fillette m'a dévisagé puis m'a tiré la langue. L'homme est revenu à sa place. Il avait l'air inquiet. Il a dû s'apercevoir que je l'observais parce qu'il s'est tourné vers moi. Il s'est forcé à me sourire comme s'il devait me rassurer. J'ai aussitôt détourné les yeux, mais j'ai vu sa main droite passer par-dessus le dossier de sa banquette :

– On ne s'est pas présenté, jeune homme. Je m'appelle George. George Kaplan. Et toi, tu t'appelles comment ?

J'ai hésité un petit moment et finalement, je lui ai serré la main en me présentant :

– Lilian Camblet, monsieur.

Il m'a considéré pendant un petit moment d'un air intrigué avant de me demander :

– Tu n'es pas d'ici, toi, n'est-ce pas ?

– Non, je suis français, monsieur.

– Français ? ! Mais dis-moi, tu parles très bien l'anglais pour un petit Frenchy.

Il a dit cette dernière phrase dans un français parfait, presque sans accent. Je l'ai aussitôt trouvé sympa. Le bus a démarré brusquement et M. Kaplan a perdu l'équilibre avant de s'effondrer sur son siège. Entre les deux fauteuils, j'ai vu son visage tourné vers moi. Il m'a dit, encore en français :

– Ce chauffeur est un imbécile. Tu vas où ?

– À Indianapolis.

– Eh bien, j'espère pour toi que tout va bien se passer, parce qu'avec des types comme ça, on peut s'attendre à tout.

Il ne croyait pas si bien dire et j'étais loin d'imaginer ce que j'allais vivre à cause de ce chauffeur. Mais je n'en étais pas encore là… J'ai demandé :

– Et vous, vous allez où ?

Peut-être que ma question l'a surpris, je ne sais pas. Toujours est-il qu'à cet instant, George Kaplan s'est un peu rembruni. Mais, à nouveau, il s'est forcé à me sourire :

– Prairie.

– Prairie ? C'est quoi ça ? C'est une ville ?

– À vrai dire, Lilian, je n'en sais rien. Je sais juste que j'ai un rendez-vous à l'arrêt de… Prairie.

Puis il s'est retourné pour regarder par la fenêtre. Le bus venait de reprendre la route. J'ai jeté un œil à Captain America. Il restait encore quatre heures de trajet, j'avais de plus en plus envie de faire pipi et la prémonition de M. Kaplan au sujet du chauffeur était loin de me rassurer sur la suite du voyage.

Chapitre 6

Prairie Stop

Le bus a commencé à ralentir alors qu'il n'y avait pas la moindre ville à l'horizon. Juste des hectares de champs de maïs entrecoupés de plaines désertiques. M. Kaplan s'agitait à nouveau sur sa banquette. Cette fois, il n'y avait aucune gare routière en vue. Le chauffeur a garé son bus le long de la route et, en jetant un œil au rétroviseur, il s'est écrié :

– Prairie ! Trois minutes d'arrêt.

Alors qu'il coupait le moteur, M. Kaplan a bondi et, sans même un regard pour moi, il a remonté l'allée. Je l'ai entendu demander au chauffeur :

– Vous êtes sûr que c'est bien là, Prairie ?

– Écoutez, mon vieux, je connais ce trajet comme ma poche. Alors oui, c'est là, Prairie. Qu'est-ce que vous faites ? Vous descendez ? Vous restez ? Faut vous décider.

George Kaplan a fait un geste de la main et la porte du bus s'est ouverte. Il s'est alors tourné vers moi pour me faire un petit salut. Il a mis un pied sur le bas-côté de la route, et c'est là que je me suis rendu compte qu'il n'avait pas de bagage avec lui. J'ai trouvé ça bizarre, mais ma vessie s'étant rappelé à mon souvenir, j'ai décidé de passer à l'action. Je me suis levé et me suis dirigé vers le chauffeur. Il était en train de compter les sous dans sa caisse.

– Excusez-moi, monsieur, mais il faudrait que je descende pour aller faire pipi.

Le type n'a même pas pris la peine de relever la tête. Il m'a juste répondu :

– Si tu penses que tu peux faire ça en deux minutes, alors vas-y.

Vu mon envie, deux minutes, ça semblait un peu court, mais j'ai filé sans demander mon reste. Dehors, il faisait une chaleur épouvantable. J'ai aperçu George Kaplan qui s'éloignait le long de la route en observant le paysage autour de lui. Il semblait complètement perdu, seul au milieu de ce désert. Mais je n'avais pas le temps de m'attarder. Après avoir regardé à droite puis à gauche et m'être aperçu que la route était totalement vide et se perdait dans un infini brouillé par le soleil, j'ai traversé au pas de course et me suis dirigé vers un champ de maïs. Dans le lointain, un petit avion survolait la plantation sur laquelle il épandait de l'insecticide. Je me suis frayé un chemin entre les plants qui me dépassaient de plusieurs centimètres et me suis arrêté. Le bruit de l'avion a alors été recouvert par le zinzin des insectes qui chantaient autour de moi. Ça ne ressemblait pas du tout au chant des cigales que j'entendais dans les gorges du Tarn. C'était bien plus fort, ça venait de partout et même si je n'ai aperçu aucune de ces bestioles, je savais qu'il y en avait des milliers autour de moi, un gigantesque orchestre, presque effrayant.

À cette époque, j'avais un petit problème : si on me pressait d'une manière ou d'une autre, j'étais incapable de faire pipi, même si l'envie était on ne peut plus urgente. Papa n'avait jamais compris ça. Combien de fois, alors que nous devions partir, il s'était agacé derrière la porte fermée des toilettes ? Résultat : j'abandonnais à chaque fois l'affaire et à peine étions-nous dans la voiture que je lui demandais de s'arrêter.

Ce jour-là, à Prairie Stop, je me suis retrouvé dans la même situation. La fanfare des insectes ne m'aidait vraiment pas. Et, comme pour couronner le tout, j'ai entendu le moteur du bus se remettre en marche. J'avais beau me dire que le chauffeur était obligé de m'attendre, que jamais il n'oserait abandonner l'un de ses passagers dans un tel endroit, rien n'y faisait. En plus, je savais que si je n'y arrivais pas là, maintenant, il faudrait que j'attende l'arrivée à Indianapolis. Et ça, c'était impossible.

Je ne rêvais pas, je ne cauchemardais même pas ! J'avais bien entendu le moteur du bus s'emballer et les vitesses grincer ! Je me suis mis sur la pointe de pieds pour dépasser les épis de maïs et là, j'ai vu l'impensable : le bus, *mon* bus, venait de reprendre la route et était en train de filer sans moi ! Pris de panique, j'ai refermé mon pantalon et je me suis précipité. Les feuilles des plants de maïs me fouettaient le visage mais ça m'était égal. Je hurlais :

– Hééééé ! Attendez-moi ! Attendez-moi !!

Lorsque j'ai atteint la route, le bus était déjà à une cinquantaine de mètres et continuait de rouler. J'ai redoublé d'efforts, persuadé que le chauffeur finirait par m'apercevoir dans son rétroviseur ou que l'un des passagers allait donner l'alerte. Au lieu de ça, j'ai vu la petite fille qui me regardait par la vitre arrière et me tirait une nouvelle fois la langue. Un épais nuage sombre est alors sorti du pot d'échappement. J'ai voulu crier mais la fumée m'en a empêché et j'ai dû arrêter de courir tellement je toussais.

Je me suis retrouvé au milieu de cet immense ruban de goudron, plié en deux, des larmes plein les yeux. Quand je me suis redressé, le bus n'était plus d'un petit point étincelant qui filait vers l'horizon. J'étais seul, au milieu de nulle part et dans quatre heures, mon père ne me trouverait pas à la gare routière d'Indianapolis. En une fraction de seconde, j'ai compris toute l'horreur de la situation et mon cerveau m'a donné à nouveau l'ordre de courir. Alors j'ai couru, sur une centaine de mètres, en hurlant, en pleurant jusqu'à ce que je n'en puisse plus. Mes pas m'ont guidé jusqu'au bord de la route et là, je me suis effondré dans la poussière. Quand j'ai rouvert mes yeux noyés de larmes, j'ai vu le ciel au-dessus de moi, infiniment bleu et profond.

CHICAGO > INDIANAPOLIS
Greyhound bus
Plan de ligne

Departure[1] 11:03 am	Mile 0	Chicago	Illinois
11:45 am	Miles 23,9	Hammond	Indiana
12:43 pm	Miles 57,3	Prairie	Indiana
02:12 pm	Miles 128,3	Monticello	Indiana
02:51 pm	Miles 156,1	Lafayette	Indiana
03:30 pm	Miles 186,4	Crawfordsville	Indiana
Arrival[2] 04:06 pm	Miles 230,5	Indianapolis	Indiana

1. Départ.
2. Arrivée.

Chapitre 7

Des solutions ?

Allongé sur le bord de cette route, j'ai repensé à Papa et ça m'a aidé à me remettre debout. Il fallait que je trouve une solution pour le rejoindre, vite. J'ai alors aperçu M. Kaplan. Il était loin maintenant, immobile sur le bas-côté de la route, les mains dans les poches, et il semblait attendre. Je me suis demandé s'il avait assisté à ma course éperdue après le bus. Et si c'était le cas, pourquoi n'était-il pas intervenu ? Je me suis souvenu de son air sombre quand je lui avais demandé où il comptait descendre. Cet homme m'est alors apparu bien mystérieux et au moins aussi perdu que je l'étais. Et puis, encore une fois, Tante Isa m'avait bien recommandé de ne pas adresser la parole à qui que ce soit pendant le voyage. J'étais partagé entre toutes ces contradictions et je regardais dans tous les sens, comme si la solution pouvait se trouver au milieu de ce grand nulle part. C'est là que mes yeux se sont arrêtés sur le petit avion, au loin.

J'ai d'ailleurs remarqué que, depuis le départ du bus, il s'était rapproché. S'il continuait ainsi, d'ici quelques minutes, il serait sans doute suffisamment près pour que le pilote m'aperçoive et je pourrais alors lui faire des signes. Je me voyais déjà arrivant à Indianapolis par les airs. Papa serait sidéré.

Le bruit lointain d'un autre moteur m'a ramené à la réalité. Une voiture approchait. L'espoir m'a saisi un instant pour disparaître aussitôt : elle venait à contresens, en direction de Chicago. Elle est passée sans ralentir et le conducteur ne m'a même pas jeté un regard. En la suivant des yeux, j'ai cru comprendre qu'elle intéressait aussi George Kaplan parce qu'il s'est un peu avancé sur la chaussée. C'était peut-être la personne avec qui il avait rendez-vous ? J'ai quand même trouvé bizarre qu'on veuille rencontrer quelqu'un dans un endroit aussi paumé. Mais la voiture a filé sans s'arrêter. M. Kaplan devait être aussi dépité que moi.

Une ou deux minutes plus tard, c'est un bus qui est apparu. Lui aussi dans la mauvaise direction. En passant à côté de moi, il a soulevé un gros nuage de poussière. Il y avait quelques passagers à bord qui m'ont tous ignoré, comme plus loin, ils ont ignoré George. Les États-Unis me sont alors apparus comme un pays trop grand et peuplé de gens indifférents aux autres. Pour me rassurer un peu, je me suis quand même dit que si deux véhicules étaient passés dans un sens, il y avait de fortes chances pour qu'il en passe assez vite dans l'autre. Tout était affaire de hasard, je le savais bien, mais je ne devais pas désespérer.

J'ai levé les yeux vers le ciel. Le petit avion était en train de virer pour quitter son champ de maïs, et venait maintenant vraiment dans ma direction. Mon premier réflexe a été de lever les bras pour lui faire signe. Mais il est passé au-dessus de moi et s'est éloigné. Je l'ai suivi du regard jusqu'à ce qu'il fasse demi-tour pour revenir dans l'axe de la route. Mon cœur a fait un bond. Ça y était, il m'avait vu ! Il allait se poser et me prendre à son bord ! J'ai sauté sur place en faisant de grands gestes et j'ai vu qu'il perdait de l'altitude. J'étais sauvé.

Chapitre 8

L'avion mitrailleur

Il est passé au-dessus de moi, projetant son ombre immense sur le bitume. Le bruit était assourdissant. J'ai aussitôt pensé qu'il allait se poser sur la route, mais il a poursuivi son chemin en rase-mottes, sans ralentir, en direction de M. Kaplan.

Celui-ci s'est retourné et il est resté interdit pendant un bon moment avant de comprendre que l'avion était en train de lui foncer dessus. Il s'est alors jeté à terre au moment où l'engin passait à seulement quelques mètres au-dessus de sa tête. Je me suis d'abord dit que le pilote lui faisait une blague. Si c'était le cas, cette blague était aussi stupide que dangereuse. Ce pilote devait être complètement cinglé.

M. Kaplan s'est relevé et a regardé l'avion qui s'éloignait. Quand il s'est aperçu que l'engin virait pour revenir à la charge, il s'est aussitôt mis à courir. L'avion a piqué sur lui. M. Kaplan s'est jeté dans un fossé. J'ai alors entendu un « tac-tac-tac » et j'ai vu de la terre exploser par petits impacts sur le sol, tout autour du fossé où il avait disparu. Je n'en croyais pas mes yeux : le pilote était en train de mitrailler la zone !

J'étais tellement sidéré que j'ai à peine aperçu la voiture qui arrivait. George, lui, l'a immédiatement vue. Il s'est redressé et a sprinté vers elle pour l'arrêter. Mais comme les fois précédentes, le conducteur a filé sans demander son reste.

L'avion entamait un nouveau virage. M. Kaplan ne savait plus où aller. Il s'est élancé au hasard comme un animal traqué, mais l'appareil l'a très vite rattrapé. Une nouvelle salve de balles a ricoché autour de lui alors qu'il tombait au sol, et j'ai bien cru qu'il était touché. Quand il s'est relevé, j'ai été si soulagé que j'ai failli hurler « Hourra !!! » comme si j'avais été au cinéma en train de regarder un film avec Cary Grant. M. Kaplan s'est alors précipité vers le champ où j'étais allé me cacher à ma descente du bus, et il a disparu derrière les hauts plants de maïs.

Il avait peut-être une chance de s'en sortir maintenant. Mais quand l'avion s'est approché du champ en frôlant les plantations, j'ai vu une sorte de brouillard s'échapper de ses coffres. J'ai immédiatement compris que le pilote venait de déclencher les pompes de l'insecticide pour arroser la parcelle. Et son plan diabolique a très bien fonctionné : quelques secondes plus tard, M. Kaplan surgissait hors du champ, une main plaquée sur la bouche. J'ai voulu lui crier de rester caché parce que l'avion était en train de revenir, sauf qu'il était beaucoup trop loin. Il s'était remis à courir en direction de la route. Un camion s'approchait.

En voyant l'avion revenir à l'assaut, j'ai compris que cette fois, le pilote ne raterait plus sa cible. Ça se voyait à la manière dont il ajustait son vol, comme si les passages précédents lui avaient servi à anticiper le prochain déplacement de sa proie. Ça ressemblait à l'étrange ballet d'un chat et d'une souris.

M. Kaplan s'est planté au milieu de la route, les mains levées au-dessus de sa tête. Le conducteur du camion a klaxonné plusieurs fois. L'avion est descendu si bas que ses roues touchaient presque le sol. Kaplan lui a jeté un coup d'œil rapide avant de se retourner vers le véhicule qui arrivait dans un grand couinement de freins. Mais il allait encore trop vite pour éviter cet homme qui lui barrait la route. Dans la perpendiculaire, l'avion n'était plus qu'à une centaine de mètres, si bien que M. Kaplan n'avait plus aucune échappatoire.

Le camion n'a rien pu faire pour l'éviter. L'homme au costume gris est tombé à la renverse avant de disparaître sous ses roues. Je n'ai même pas eu le temps de fermer les yeux. Au même instant, l'avion est arrivé, trop vite et trop bas pour que le pilote puisse redresser.

L'appareil a percuté l'arrière du camion de plein fouet et s'est aussitôt enflammé.

Dans la seconde qui a suivi, les portières se sont ouvertes et le conducteur et son passager ont sauté pour s'enfuir en courant. Au même moment, Kaplan s'extirpait de sous la carlingue. Aussi incroyable que ça puisse paraître, il était vivant. Et lui aussi s'éloignait à présent à toutes jambes. Le camion transportait une citerne d'essence. Le temps que je comprenne ce qui allait se passer et que je me jette à terre, tout a explosé dans une formidable boule de feu.

Chapitre 9

Diana

Quand j'ai rouvert les yeux, deux voitures venaient d'arriver sur les lieux. Un type vêtu comme un fermier avec un chapeau blanc sur le crâne descendait d'un pick-up dont la plateforme arrière était chargée d'un frigo, maintenu debout par deux sangles. Derrière le fermier, une femme rousse en robe bleue et deux hommes sortaient d'un break familial. Hébétés, les nouveaux arrivants se sont lentement rapprochés du camion et de l'avion qui formaient maintenant un amas de tôle en proie aux flammes. Ils étaient si captivés par l'incendie qu'aucun d'eux n'a prêté attention à George Kaplan, qui se dirigeait en trottinant vers les voitures. Là, il est monté à bord du pick-up, a démarré le moteur et, alors que le fermier se retournait, il a fait faire demi-tour à l'engin et a accéléré. Le propriétaire du pick-up s'est mis à hurler, puis il s'est élancé derrière le véhicule. Peine perdue. Le pick-up est passé à toute vitesse à côté de moi. J'ai à peine eu le temps de croiser le regard de M. Kaplan. Une trentaine de mètres plus loin, il a freiné. La portière s'est ouverte, il a surgi de l'habitacle et m'a lancé :

– Qu'est-ce que tu fais là, toi ?

– Eh bien… Le bus… il est parti sans moi, je…

Derrière nous, un cri a résonné. Kaplan a détourné le regard. Le fermier s'était remis à courir dans notre direction.

– Monte ! Je te dépose !

Bien évidemment, j'hésitais. Ce type m'avait inspiré confiance, il avait même l'air très gentil, mais les événements dont je venais d'être témoin semblaient l'impliquer dans une affaire bien trop dangereuse pour moi.

Le fermier n'était plus loin. Kaplan m'a fait un signe de la main et a replongé dans le pick-up qui est parti dans un long beuglement de moteur. Sans moi.

Le fermier a terminé sa course à quelques mètres de là où j'étais resté. À bout de souffle, il a posé ses deux mains sur ses genoux et a grimacé sous la chaleur avant de maugréer :

– Salopard !

Puis il a tourné son visage dégoulinant de sueur vers moi et, très excité, il m'a demandé :

– Tu le connais ? Hein ? Tu connais ce type ?

– Non, je…

– Comment ça, non ? Qu'est-ce que tu fiches ici alors ? Un gosse de ton âge sur cette route, tu te moques de moi ?

– C'est le bus, monsieur…

– Quoi, le bus ? Quel bus ?

Un coup de klaxon l'a interrompu. Le break familial venait de se garer à son niveau et par la vitre baissée, l'un des passagers l'a interpellé :

– Monte Will, vite, il va nous échapper !

Qu'est-ce que c'était que cette histoire ? Ces gens se connaissaient donc ! ? Visiblement oui. Will, puisque c'était le nom du fermier, m'a considéré un instant avant de s'adresser aux autres :

– On prend le gosse. Il a vu le type, il doit pouvoir le reconnaître s'il nous échappe. Allez, viens gamin.

Ce Will ne me disait rien qui vaille. Je n'avais pas aimé la manière dont il m'avait parlé, et ce qu'il venait de dire aux occupants de la voiture a fait sonner en moi tous mes signaux d'alerte. J'ai fait un pas en arrière en hochant la tête. Le type a alors avancé sur moi d'un air menaçant. Aussitôt, une voix s'est écriée :

– Laisse-le !

La portière arrière de la voiture venait de s'ouvrir et la femme rousse en robe bleue est sortie. Elle a fait quelques pas vers moi alors que Will tournait les talons. Arrivée à mon niveau, je me suis rendu compte que nous avions à peu près la même taille. Elle avait un air doux. Elle m'a souri. Derrière, le conducteur s'est écrié :

– Diana, qu'est-ce que tu fous ? On va le perdre !

– Bonjour.

– Bonjour, madame.

– Tu t'appelles comment ?

– Lilian, madame.

– Tu as quel âge ?

Son attitude à mon égard m'a suffisamment mis en confiance pour que j'explique en quelques mots ma présence à cet endroit et l'urgence dans laquelle je me trouvais. Après tout, Diana était peut-être ma seule chance de rattraper ce fichu bus et d'arriver à temps à Indianapolis.

– Ok, Lilian. On n'ira peut-être pas jusque-là, mais je peux te promettre qu'on fera tout ce qu'on peut pour te remettre dans ce bus. Allez, suis-moi.

Au moment de monter dans la voiture, j'ai quand même eu un doute. Les trois hommes qui l'accompagnaient n'avaient pas les mines les plus sympathiques du monde, c'était le moins qu'on puisse dire. Mais un dernier sourire de Diana a achevé de me convaincre.

Les grands romans d'aventure américains

J'ai toujours adoré lire. Depuis l'enfance. En dehors des superhéros des revues Marvel que mon père m'achetait, j'étais surtout friand de romans d'aventure. Et dans ce domaine, les Américains ont écrit quelques-unes des plus belles pages de l'histoire de la littérature.

Parmi ceux qui m'ont le plus marqué, il y a surtout Les Aventures de Tom Sawyer *de Mark Twain ;* Croc-Blanc *et sa suite* L'Appel de la forêt, *de Jack London ;* Le Dernier des Mohicans, *de James Fenimore Cooper ;* Le Vieil Homme et la Mer, *d'Ernest Hemingway ;* L'Homme qui rétrécit, *de Richard Matheson ;* Moby Dick, *d'Herman Melville ; et puis bien sûr tous les* Tarzan *écrits par Edgar Rice Burrough.*

J'ai dévoré ces histoires des journées durant, assis dans le canapé du salon ou bien allongé dans mon lit. À chaque fois que je devais refermer un livre pour passer à table ou aller me coucher, j'avais l'impression de sortir d'un rêve dont le souvenir ne me quitterait jamais.

Chapitre 10

Dans la voiture

À peine étais-je à bord que la voiture est partie sur les chapeaux de roue. Pendant les premiers kilomètres, personne n'a échangé un mot. On sentait une lourde ambiance parmi les passagers. Assis sur la banquette arrière, serré contre la portière, j'ai vite compris que quelque chose n'allait pas. Seule Diana me regardait parfois pour me lancer un sourire, comme s'il était important de me rassurer. En montant, elle s'était contentée d'informer ses compagnons de ma situation et personne n'avait fait le moindre commentaire. Leur silence est vite devenu pénible.

Devant moi, j'avais comme seul horizon la nuque imposante d'un type qui regardait droit devant lui. Si je tournais la tête à gauche, je distinguais le profil fermé du conducteur qui mâchonnait nerveusement une allumette. Contre mon épaule, je sentais le bras nu de Diana. En me penchant, je voyais le visage suant de Will et ses doigts qu'il rongeait avec une grande nervosité. C'est lui qui a brisé le silence le premier alors que devant nous, la route n'en finissait plus de se perdre dans le lointain :

– On le retrouvera jamais !

Ça a été comme un signal. Les trois hommes se sont mis à parler en même temps, haussant la voix et se coupant les uns les autres :

– La faute à qui ?

– Tu l'as vu venir, ce type, peut-être ?

– T'avais pas à quitter le pick-up !

– Et toi, pourquoi t'es descendu ?

– Taisez-vous !

– À cause de l'incendie, tiens !

– Ferme-là, Jimmy et toi aussi Steve. Vous avez fait n'importe quoi, une fois de plus !

– Arrêtez de dire vos noms, bande de crétins !

Diana venait de crier plus fort que les autres et sur le coup, le conducteur a enfoncé la pédale de freins. La voiture a glissé sur la chaussée avant de s'immobiliser. Tous les regards se sont tournés vers elle. Le silence n'a pas duré très longtemps, mais suffisamment pour que j'additionne les informations que je venais d'entendre et que je m'en fasse toute une histoire. Je récapitulais dans ma tête. Voyons. Donc : George Kaplan avait un rendez-vous au milieu de nulle part et ne connaissait visiblement pas l'individu qu'il devait rencontrer. Un pilote avait tenté de le tuer mais pour finir, il avait percuté un camion-citerne. Kaplan avait volé l'une des voitures qui s'était arrêtée pour lui porter secours. Ces gens, qui ne se connaissaient apparemment pas, voyageaient pourtant maintenant dans la même voiture. Une voiture dans laquelle on m'avait fait monter plus ou moins de force. Maintenant, ils couraient tous après Kaplan pour récupérer le pick-up de Will. Et ils ne devaient pas s'appeler par leurs « vrais noms ». Résultat : j'étais dans une sacrée mouise !

Will a repris la parole en se tournant vers Diana, lui offrant un sourire mauvais :

– Et pourquoi, on devrait pas s'appeler par nos vrais noms, Gladys ? Hein ? T'as peur de quoi ? Que le gosse puisse t'identifier ?

Ensuite, Will a tourné les yeux dans ma direction et j'ai senti une longue sueur froide me descendre entre les omoplates :

– Alors dis-toi bien une chose, gamin. La fille que tu vois là, elle s'appelle Gladys Monroe, elle a participé à un hold-up, hier après-midi, dans la banlieue d'Indianapolis. Et la voiture que ton copain nous a volée, elle contient tout le pognon qu'on a tiré de ce hold-up. Et tu sais qui c'est qui a eu la merveilleuse idée de planquer ce fric dans un frigo ? Cette gentille Gladys Monroe, justement. T'imagines bien qu'on va pas prendre le risque de retourner à Indianapolis alors qu'on s'est donné tout ce mal pour échapper à la police. Toi, tu vas juste nous servir à retrouver ce type avant qu'on arrive là-bas, en espérant que tout se passe bien. Parce que si ça se passe mal, tu vas aussi nous servir à autre chose. Tu sais ce que c'est, Lilian, un otage ?

À cet instant, il m'a semblé inutile de chercher le sourire rassurant de Diana. Elle fixait le pare-brise, les dents serrées, le visage fermé. J'ai tenté de réprimer mes tremblements et les larmes que je sentais monter en moi.

Chapitre 11

Welcome to Monticello !

L'ambiance à l'intérieur de la voiture ne s'est pas détendue ensuite. Le conducteur, celui qui, si j'avais tout compris, s'appelait Steve, a bien essayé de m'envoyer quelques clins d'œil encourageants dans son rétroviseur et, à deux ou trois reprises, j'ai senti la main de Diana me caresser le bras. Mais les paroles menaçantes de Will me revenaient sans cesse en mémoire et je préférais tourner la tête vers l'extérieur pour trouver en moi les ressources qui me permettraient de ne pas céder à la panique.

Nous avons bientôt croisé des véhicules de pompiers, suivis de près par des voitures de la police routière. En les voyant passer, les quatre complices ont semblé se geler et il a fallu un bon bout de temps pour qu'ils se remettent à respirer. Lorsqu'est enfin apparu un panneau annonçant la proximité de la ville de Monticello, la tension est encore montée d'un cran. Nous étions à cinq miles d'une ville et j'ai vite compris que ce serait une traversée risquée, pour eux comme pour moi.

Comme si ça ne suffisait pas, l'envie de vider ma vessie était revenue avec force. Je me voyais déjà en train de me faire pipi dessus, là, dans cette voiture pleine de gangsters quand un éclat de lumière au loin sur la route a attiré mon attention. Je me suis tordu du mieux que je pouvais pour jeter un œil à travers le pare-brise et à la sortie d'un virage, je l'ai vu.

Même s'il était encore très loin devant nous, c'était bien mon bus tout là-bas ! J'ai laissé échapper un petit gémissement que Diana a entendu. Elle a alors suivi mon regard avant de se pencher sur moi en murmurant :

– Quoi ? C'est ton bus ?

Je me suis contenté de hocher la tête en avalant ma salive avec difficulté. Will nous a glissé un regard mauvais, presque sadique. Diana s'est redressée sans dire un mot.

Plus Monticello se rapprochait et plus l'inquiétude montait dans la voiture. Nous étouffions. Nous avons franchi un faux plat et la ville est apparue devant nous. Un dernier panneau a annoncé un mile. Je me suis encore contorsionné pour apercevoir le Greyhound qui tenait la distance. Il ferait bientôt une halte et j'allais la rater. Je n'atteindrais jamais Indianapolis. J'allais finir comme otage dans une histoire qui n'était pas la mienne et que je n'aurais même pas l'occasion de raconter à la rentrée prochaine. Plutôt que de m'attrister davantage, cette situation m'a mise en colère. J'en voulais à mon père de m'avoir obligé à faire ce voyage sans lui. Et moi, je me détestais de ne pas avoir été digne de la confiance qu'il me portait.

Nous avons passé un nouveau panneau qui disait « *Welcome to Monticello – pop. 5 000 – enjoy your journey*[1] ». J'étais encore en train de traduire l'information quand j'ai senti un mouvement à ma gauche, aussitôt suivi de la voix de Diana :

– Steve, tu rattrapes le bus devant, on pose le gosse et on file.

– Quoi ?

– Fais ce que je te dis ! Pose pas de question !

J'ai alors tourné les yeux vers Diana. Elle tenait un énorme pistolet qu'elle venait de poser sur la tempe de Will.

1. « Bienvenu à Monticello – 5 000 habitants – Profitez bien de votre séjour. »

Monticello

Monticello est une ville de l'Indiana, aux États-Unis. Elle se situe au bord de la Tippecanoe River. C'est à Monticello que s'est ouvert l'un des premiers parcs d'attractions aquatiques en 1927, nommé à l'époque Ideal Beach, *devenu plus tard* Indiana Beach.

Monticello est néanmoins connu pour des faits plus dramatiques.

Deux ans avant cette aventure, en 1974, une éruption de tornades s'est produite dans cette région des États-Unis. En seulement vingt-quatre heures, on en a dénombré cent quarante-huit. Et la plus violente d'entre toutes est née à Monticello, dévastant tout sur son passage.

Au moment où cette histoire m'a conduit jusqu'à Monticello, la plupart des lieux détruits avaient tous été reconstruits. Mais le souvenir de cette catastrophe restait ancré dans la mémoire de ses habitants.

Chapitre 12

Cul-de-sac

Dans le rétroviseur, je pouvais voir les yeux de Steve. Ils avaient la même forme que ceux de Will, la même forme que ceux de Jimmy, le passager de devant qui venait de se tourner vers nous, et enfin, la même forme que ceux de Diana : ronds, remplis de trouille. Steve a essayé de calmer sa complice :

– Fais pas n'importe quoi, Gladys. Y a des flics partout ici, on va se faire prendre.

Mais ça n'a servi à rien. Diana était déterminée et je sentais sa main libre qui serrait mon bras pour me donner du courage.

– Tu files à la gare routière, on dépose le gamin et tout ira bien.

Les doigts de Steve se sont resserrés sur le volant et j'ai entendu le soupir qu'il poussait, résigné. Entre ses dents, Will a grogné :

– Tu vas payer ça très cher, ma jolie.

– Tais-toi, Will. Je t'en supplie, tais-toi !

Steve a remonté la distance qui nous séparait du bus. Quelques minutes après avoir atteint l'avenue principale de Monticello, nous étions juste derrière lui. Je me suis surpris à respirer normalement pour la première fois depuis très longtemps. J'allais y arriver. J'allais revoir mon père et je serais en un seul morceau !

Le Greyhound s'est arrêté à un croisement, sur la file centrale, et a mis son clignotant à gauche. Steve a suivi la manœuvre. Alors qu'il freinait juste derrière le bus, Will a grondé :

– Et maintenant, tu fais quoi ?

Tous les regards ont alors convergé dans sa direction puis dans celle qu'il désignait en tendant le doigt. Sur la file de droite, une voiture de police venait de s'arrêter. Chacun a tenté de se donner une attitude décontractée mais c'était un peu compliqué. D'autant que les deux agents observaient maintenant notre voiture. Le feu est passé au vert, le bus s'est remis en route et a tourné sur l'avenue perpendiculaire. Steve a déboîté derrière lui, laissant la voiture de police poursuivre sa route, tout droit. Un soupir commun a couvert le silence.

Nous venions de passer un panneau indiquant la direction de la gare routière quand Steve a brusquement freiné. Diana s'est écriée :

– Qu'est-ce que tu fais ?

Mais Steve a aussitôt passé la marche arrière et a immobilisé la voiture à l'entrée d'une petite rue. Au loin, j'ai vu mon bus tourner au coin d'une avenue et disparaître.

– Regardez !

Steve montrait la rue devant laquelle il s'était arrêté. À une cinquantaine de mètres, il y avait le pick-up, garé entre deux véhicules, son frigo toujours attaché debout sur la plateforme arrière. Je me suis tourné vers Diana. J'espérais qu'elle allait dire un truc du genre : « Ok, maintenant qu'on sait où il est, on conduit Lilian à la gare et on revient. »

Mais rien de tel ne s'est produit. Bien au contraire. Steve a fait pivoter son volant et on est entrés dans la ruelle. À bonne allure, il est allé se stationner à quelques mètres en amont du pick-up et a coupé le contact. Diana a fini par baisser son arme et tous leurs yeux se sont tournés vers cette maudite camionnette qu'ils avaient enfin retrouvée. Will a alors voulu bondir sur le pistolet de Diana, mais le hurlement d'une sirène a éclaté derrière nous.

Tout s'est passé comme au ralenti. On s'est retournés vers la vitre arrière dans un même mouvement pour découvrir une demi-douzaine de véhicules de police qui bloquaient maintenant la rue dans laquelle Steve venait d'entrer. On aurait dit qu'ils nous attendaient. C'était un piège.

Chapitre 13

L'assaut

Je ne pourrais pas expliquer ce qui s'est passé dans ma tête à ce moment-là. Les mots de Will me sont juste revenus comme un coup de fouet : « Tu sais ce que c'est, Lilian, un otage ? » Le temps que tout le monde réagisse autour de moi, j'avais déjà la main sur la poignée de la portière et je poussais de tout mon poids. J'ai atterri sur la chaussée après avoir trébuché. J'ai roulé sur moi-même, je me suis redressé et j'ai couru. Sans le moindre regard pour ce qui m'entourait. J'ai filé, ventre à terre, aveugle à tout. S'il y avait eu un obstacle devant moi, je l'aurais percuté sans même m'en rendre compte. Mais il n'y a pas eu d'obstacle. Je me suis faufilé, je suis monté sur quelque chose que je n'ai pas vraiment distingué, j'ai contourné un truc que j'ai vu à la dernière seconde et j'ai aperçu une sorte de bâche sous laquelle je me suis glissé. J'ai rabattu cette bâche sur moi et je n'ai plus bougé, plus respiré.

Il y a eu des cris, peut-être même des coups de feu, mais je me suis bouché les oreilles, j'ai arrêté tous mes mouvements et j'ai attendu, là où j'étais. Peut-être qu'un temps infini s'est écoulé, peut-être qu'un nombre fou d'événements s'est produit durant ce moment, je ne sais pas. Je n'étais pas là. C'était comme si la trouille m'avait muré en moi-même et me tenait éloigné de tout, de mon père, d'Indianapolis et de ce voyage impossible. Mon esprit ne voulait pas être là et il m'avait fui.

C'est le mouvement qui m'a finalement fait réagir. Un mouvement sec qui m'a fait rebondir violemment. J'ai ressenti une douleur à l'épaule et j'ai ouvert les yeux. Je n'ai vu que du vert. J'ai ouvert mes oreilles et j'ai entendu ce son qui semblait ne plus vouloir me quitter depuis Chicago : celui d'un moteur, encore.

Chapitre 14

Dans le pick-up

J'ai attendu. Je me suis calmé. J'ai repris mon souffle et après seulement, j'ai décidé de regarder où je me trouvais. J'ai palpé la bâche qui me recouvrait pour trouver la sortie. En la dégageant, la première chose qui m'est apparue, c'est ce frigo qui bringuebalait à mes côtés. Sous moi, un sol de tôle sur lequel je rebondissais douloureusement de temps à autre. Je me suis redressé et j'ai découvert l'endroit où je m'étais caché : c'était la plateforme du pick-up que George Kaplan avait volé à Diana et sa bande, avec ce réfrigérateur plein d'argent accroché dessus. Voilà ce vers quoi j'avais couru après m'être enfui de la voiture des gangsters. J'aurais pu me cacher n'importe où ailleurs mais dans la panique, mes pas m'avaient guidé vers ce pick-up comme si ma tête avait décidé que c'était là le seul endroit sûr. Et maintenant, ce pick-up roulait vers une destination inconnue. Quel imbécile ! Qu'est-ce qui m'avait pris ?

J'ai risqué un œil vers la route et j'ai vu arriver un panneau qui annonçait : « *You are now leaving Monticello. Enjoy the road and drive safe*[1]. » Je me suis enfin posé les deux seules questions importantes à ce moment-là : qui conduisait maintenant et vers où allions-nous ? Derrière nous, les derniers immeubles de Monticello étaient en train de disparaître, comme j'avais vu disparaître Chicago quelques heures plus tôt alors que le bus filait sur la route 65. Mais quelle heure pouvait-il être maintenant ? J'ai regardé ma montre. Captain America indiquait quatorze heures. Nous étions à deux heures de route d'Indianapolis. Si c'était bien la direction que ce pick-up prenait. Aucune voiture ne nous suivait. Le désert nous entourait à nouveau.

Je me suis relevé en me tenant pour ne pas tomber et j'ai jeté un coup d'œil vers la cabine. Par la vitre arrière, j'ai d'abord aperçu la nuque du chauffeur. Ça m'a rappelé celle de Jimmy, dans le break avec Diana, et j'ai eu peur que ce soit lui. Mais j'ai identifié le costume qu'il portait : c'était un uniforme de la police. Sur la banquette à côté de lui, il y avait sa casquette et un pistolet. Ça m'a rassuré et, emporté par l'espoir, j'ai frappé à la vitre.

---

1. « Vous quittez maintenant Monticello. Bonne route et soyez prudents. »

J'ai eu le temps de croiser le regard de l'agent de police quand il a tourné la tête pour me regarder. Crispées sur le volant, ses mains ont brusquement braqué à droite. Le pick-up a fait une violente embardée et, dans un grand miaulement de frein, il a rebondi sur le bas-côté avant de s'immobiliser. Le véhicule a rebondi sur le bas-côté avant de s'immobiliser. La portière s'est ouverte. Le visage du policier est alors apparu au-dessus de moi. Il était jeune, pâle, suant et très étonné de me trouver là. Il s'est écrié :

– Qu'est-ce que tu fiches ici, toi ? D'où tu sors ?

Il semblait paniqué et j'ai eu peur qu'il me demande de descendre et qu'il m'abandonne là. Alors, à toute vitesse, je lui ai tout raconté depuis le départ de Chicago jusqu'à la ruelle en cul-de-sac de Monticello quelques instants plus tôt. Quand j'ai eu fini, l'agent de police m'a regardé comme si j'étais une sorte d'extraterrestre qui serait tombé là, après un voyage entre Mars et la Terre. Il s'est gratté la tête et puis, comme s'il atterrissait enfin, il m'a dit :

– Bon, écoute… comment tu t'appelles déjà ?

– Lilian, monsieur…

– Écoute Lilian, tu vois, t'as beaucoup de chance parce que justement, à Indianapolis, j'y vais figure-toi. Mais bon, faut pas traîner, hein ?

Mon cœur a bondi dans ma poitrine. Je l'aurais embrassé.

Chapitre 15

Des mensonges d'adultes

On a roulé en silence pendant plusieurs kilomètres. Parfois, je regardais le compteur et je me rendais compte qu'on était bien au-dessus de la vitesse autorisée. Je me suis rappelé que, la semaine précédente, en allant voir le lac Michigan avec Papa et Tante Isa, John s'était fait arrêter par la patrouille routière parce qu'on avait dépassé les quatre-vingt-dix miles à l'heure. L'agent lui avait dressé une contravention et John avait salement râlé. Mais bon, après tout, mon nouveau chauffeur était policier et il devait savoir ce qu'il faisait. Je le trouvais quand même drôlement nerveux. Au bout d'un moment, j'ai demandé :

– Ils sont devenus quoi, les quatre voleurs, tout à l'heure ?

Le policier m'a d'abord regardé bizarrement. Puis il m'a souri, comme pour masquer sa gêne :

– On les a arrêtés. Et maintenant, ils sont en prison. Voilà. C'est notre travail et on l'a bien fait. Tu sais, petit, il y a des jours comme ça où je suis fier d'être dans la police. On a fait du bon boulot, sur ce coup-là, tu peux me croire. Au fait, je me suis pas présenté ? Je m'appelle Donald. Donald Sullivan.

Il m'a tendu sa main et je l'ai serrée. Il m'a souri, j'ai fait pareil. Il avait l'air sympa, Donald. Nerveux mais sympa. J'ai demandé :

– Alors comme ça, c'est vous qui êtes chargé de ramener l'argent du hold-up à la banque, c'est ça ?

Son visage s'est fermé pendant un court instant et il a eu l'air de reprendre son souffle avant de me répondre :

– Exactement. Tu as tout compris. Quand les voleurs ont été arrêtés, mon chef m'a dit : « Sullivan, tu prends ce pick-up, tu le ramènes illico presto à Indianapolis, et tu rentres pour que je te remette une médaille. »

– Une médaille ?

– Ouais, une médaille, Lilian ! Parce que figure-toi que les voleurs, eh ben c'est moi qui les ai arrêtés. Fallait voir ça. Ça tirait dans tous les coins et y avait tellement de fumée dans la rue qu'on n'y voyait plus rien. Alors moi, qu'est-ce que j'ai fait ? Eh ben, je me suis pas dégonflé : j'ai fait le tour discrètement et je les ai encerclés. Et à ce moment-là, j'ai crié : « Plus personne ne bouge, vous êtes en état d'arrestation et tout ce que vous direz pourra être retenu contre vous ! » Je peux te dire que quand ils se sont retournés tous les quatre et qu'ils m'ont vu avec mon arme pointée sur eux, ils ont compris que c'était terminé la rigolade. Je les ai tenus en joue pendant que mon chef leur mettait les menottes, et tous mes collègues sont venus me féliciter. Tu te rends compte ?

Je me rendais surtout compte que les choses ne s'étaient sans doute pas passées exactement comme ça. Déjà, comment un homme tout seul peut-il « encercler » quatre personnes ? En fait, son histoire et la manière dont il me la racontait, ça m'a rappelé le bobard de la Porsche 403 que j'avais sorti sans réfléchir à la table de Le Floch. Ça m'avait toujours surpris de voir un adulte mentir. Je pensais que les mensonges, c'était réservé aux enfants parce qu'on était trop jeunes pour avoir vécu des choses suffisamment intéressantes à raconter. Alors, pour avoir l'air plus grand, on disait des trucs insensés. Mais quand un adulte mentait, je me demandais à quoi ça pouvait lui servir et ce qu'il cherchait à prouver.

Papa aussi, parfois, il mentait. Pour la maladie de Maman par exemple, il m'avait raconté des choses qui se sont en fait toutes révélées fausses : d'abord que ça n'était pas trop grave, ensuite qu'elle allait s'en sortir et que les médecins allaient la soigner. Et puis, une fois au cimetière, il m'avait dit, en pleurant, que maintenant, Maman était dans le ciel et qu'elle me regardait. Au bout du compte, je savais très bien que tout ça, c'était des histoires. Maman, elle n'était plus là, ni dans le ciel, ni ailleurs. Elle était partie et je ne la reverrais plus jamais et je détestais Papa de m'avoir menti. Plus tard, j'ai compris qu'il m'avait dit tout ça pour que je n'aie pas peur, pour que je sois moins triste, pour que je puisse continuer à vivre normalement. Il m'avait menti pour me protéger parce que parfois, la vie est si dure qu'il faut tout faire pour retrouver de l'espoir.

J'étais plongé dans mes pensées et je sentais une boule se reformer dans mon ventre, quand j'ai entendu un bruit monstrueux envahir la cabine. Donald a tourné son volant brusquement en poussant un cri, et quand il a redressé le pick-up, j'ai vu un énorme hélicoptère qui passait juste au-dessus de nous.

Chapitre 16

La poursuite infernale

Le pick-up a dérapé au milieu de la route et j'ai dû me retenir au tableau de bord pour ne pas percuter le pare-brise. Le temps que je me rassieds à peu près normalement, Donald est sorti comme un fou de la camionnette en prenant son pistolet. L'hélicoptère était en train de s'éloigner et Donald courait sur la route, comme s'il voulait le rattraper et il s'est mis à tirer des coups de feu dans sa direction. Puis, comme l'avion à Prairie tout à l'heure, l'appareil a viré de bord pour revenir vers nous. Donald a aussitôt fait demi-tour et il est remonté à toute vitesse dans le pick-up. Il m'a regardé. Son visage était blanc comme un linge. Il m'a dit :

– Faut pas t'en faire, Lilian. On va s'en sortir. Mets ta ceinture !

Et il a tourné son volant sur la droite. Au lieu de reprendre la route, on a emprunté un chemin de terre qui s'enfonçait au milieu du désert. Tout ça s'est passé si vite, que je n'ai même pas eu le temps d'avoir peur. Il m'a fallu un temps infini pour réussir à tirer ma ceinture de sécurité et à l'accrocher. On rebondissait dans des nids-de-poule, on se cognait contre les portières, c'était infernal et je voyais l'hélicoptère qui revenait sur nous. J'ai retrouvé assez de souffle pour hurler :

– Qu'est-ce qui se passe ? !

Donald n'a pas eu le temps de me répondre. Une sirène s'est mise à hurler derrière nous. J'ai tourné la tête : venant de la route que nous avions quittée, une demi-douzaine de voitures de police arrivaient, avec leurs gyrophares rouges et bleus qui clignotaient.

– Donald !!!

À nouveau j'étais terrorisé. Je ne comprenais plus rien. Qu'est-ce qui nous arrivait ? Pourquoi Donald, qui disait être policier, tentait-il d'échapper à ses collègues ? J'ai alors hurlé :

– Donald, s'il te plaît, j'ai peur !!!

Il s'est tourné vers moi. Il a tenté de me sourire mais ça semblait au-dessus de ses forces. Il était livide. Il a regardé dans le rétroviseur en me disant :

– C'est rien gamin, c'est rien !

Les voitures étaient en train de nous rattraper. Elles sautaient autour de nous comme des monstres de métal. Donald donnait des coups de volant à droite et à gauche pour les empêcher de nous doubler. L'hélico nous a alors frôlés. Si bas qu'on a baissé la tête en même temps. Finalement, une des voitures de police a réussi à passer devant nous. Elle a foncé sur une centaine de mètres avant de tourner brusquement et de s'arrêter au milieu du chemin. Au même moment, l'hélicoptère s'est posé juste derrière elle en soulevant de grandes gerbes de poussière. Donald a freiné et le pick-up s'est arrêté.

J'ai regardé derrière nous. Le frigo gênait ma vue mais je pouvais maintenant distinguer les autres voitures qui s'immobilisaient les unes après les autres, en formant un cercle autour de nous. Toutes les portières se sont ouvertes et plusieurs hommes en uniforme se sont mis à couvert, leurs armes pointées vers le pick-up.

J'ai regardé Donald. Il était penché sur le volant, le front posé sur ses mains jointes. Il respirait vite. On a alors entendu une voix, forte, à l'extérieur, qui disait :

– Descends du véhicule, Donald. Fais pas de bêtise, mon garçon !

Derrière la voiture qui nous barrait la route, un policier tenait un porte-voix. Donald s'est redressé brusquement et il a attrapé son arme qu'il a redressée vers moi. Pris entre deux feux, je ne savais pas de qui je devais avoir le plus peur. De Donald ou des policiers qui nous encerclaient ?

Chapitre 17

Le petit trou noir

Mon premier réflexe a été de me reculer vivement. Mon dos a cogné contre la portière. Je ne pouvais pas aller plus loin et il y avait ce pistolet braqué sur moi à quelques centimètres. Je ne voyais que ça : un petit trou noir entouré de métal bleuté. Les mains de Donald tremblaient, ses doigts se crispaient sur la crosse et sur la détente. Je savais très bien ce que ça donnerait s'il ne se calmait pas tout de suite. J'ai tendu mes deux mains devant moi. Moi aussi je tremblais. Je sentais le sang battre contre mes tempes, mon cœur s'emballer, mon souffle sortir par saccades de ma bouche comme quand je courais sur la piste d'athlétisme en EPS avec M. Janaux qui nous encourageait en hurlant : « Allez, grouillez-vous, bande de feignants !!! » J'ai voulu parler, dire quelque chose, mais ma gorge était trop sèche.

Donald non plus ne semblait pas au meilleur de sa forme. Ses traits étaient tirés, son teint gris et l'odeur de sa sueur venait soudain d'envahir la cabine. D'une voix pâteuse, il m'a alors dit :

– Ça s'est pas passé exactement comme je te l'ai dit, petit. Tu t'en doutes maintenant. Mais faut pas me juger, Lilian. Faut me comprendre. Après tout, cette bagnole, c'est moi qui l'ai vue le premier pendant ma patrouille. Elle était là, mal garée, dans cette rue, avec son frigo dessus. J'allais lui mettre une contravention mais j'ai trouvé curieux qu'on laisse une voiture comme ça, avec son chargement, sans surveillance. Alors quand j'ai ouvert le frigo et que j'ai vu tout cet argent, d'abord, j'ai prévenu le commissariat. Mes collègues sont arrivés et mon chef a tout de suite deviné que c'était le fric du hold-up d'Indianapolis. Il m'a félicité, il m'a dit que j'aurais une médaille et tout ça. Qu'est-ce que ça peut me faire une médaille ? C'est pas de ça dont j'ai besoin. J'ai deux gosses et ma femme est encore enceinte. J'ai des dettes, je dois du fric à tout le monde et j'arrive pas à m'en sortir. Alors, je sais pas ce qui m'a pris mais j'ai pas pu résister. Quand les bandits sont arrivés et que les gars les ont arrêtés, j'ai profité de la pagaille pour prendre le pick-up et filer loin de cette ville pourrie. Voilà. J'ai fait une grosse bêtise, Lilian. Une putain de grosse bêtise et ça va me coûter très cher.

Il a arrêté de parler pour jeter un regard dehors. Autour de nous, les policiers ne bougeaient plus. Ils semblaient attendre. Mais attendre quoi ? Que ce dingue me tire dessus pour passer à l'action ? J'ai retrouvé un peu d'énergie, assez en tout cas pour pouvoir parler :

– Mais si vous me tuez, ça sera encore pire, Donald…

Il m'a regardé avec l'air de ne pas comprendre ce que je disais. Puis il a baissé les yeux vers son arme comme s'il la découvrait :

– Ah ! Non, t'inquiète pas, gamin. C'est juste pour qu'ils nous laissent tranquilles encore quelques instants. Tu risques rien, j'ai mis la sécurité. Je suis idiot, mais quand même pas fou.

Il a pris une grande inspiration et puis il m'a dit :

– Bon, écoute…

En quelques mots, il m'a vite expliqué ce qu'il comptait faire pour qu'on s'en sorte tous les deux : il allait me laisser prendre son revolver comme si j'avais réussi à le lui piquer et à retourner la situation. Aux yeux de ses collègues, ça ferait de moi une sorte de héros, il m'a dit, et pour lui, au point où il en était, ça ne changerait plus grand-chose. J'ai trouvé son plan trop risqué : autour de nous, il y avait quand même beaucoup de types armés, prêts à faire feu à la première occasion. J'étais mort de trouille et je ne me voyais pas jouer les héros à un moment pareil. Je tremblais beaucoup trop pour ça.

– Mais… Ils vont nous tirer dessus, Donald !

– C'est bon, gamin, ils tireront pas. Ils te voient. Allez.

Et il a crié :

– Maintenant, Lilian !

Ça m'a électrisé. J'ai bloqué ma respiration et j'ai poussé sur mes deux jambes. Mes pieds ont atteint le bras de Donald et il a aussitôt lâché le pistolet qui est tombé sur la banquette, entre nous. Il y a eu une minuscule seconde d'hésitation et j'ai plongé pour récupérer l'arme. Le temps que je la saisisse et que je la braque sur lui, Donald avait déjà ses deux mains en l'air et il regardait les policiers.

Lui et moi, on a à peine eu le temps de reprendre notre souffle que déjà les portières s'ouvraient autour de nous. J'ai vu Donald disparaître de la banquette, tiré en arrière par trois hommes en noir. Puis une main est apparue dans mon champ de vision et s'est posée sur l'arme à laquelle j'étais solidement accroché. J'ai alors entendu dans mon oreille une voix très calme qui me disait :

– Allez, fiston, lâche ça, tout doucement. C'est terminé…

Chapitre 18

Le héros du jour ?

J'observais maintenant la scène depuis la banquette arrière d'une voiture de patrouille dans laquelle on m'avait installé : ils étaient en train de menotter Donald. Ça n'était pas violent comme j'aurais pu m'y attendre. Un grand type, avec de grosses moustaches et des lunettes de soleil à verres miroir, était en train de lui parler calmement et Donald secouait la tête. Il pleurait. Pour finir, le policier moustachu lui a posé une main sur l'épaule et a ouvert la portière d'un véhicule pour le faire monter à bord. Avant qu'il n'y entre, un autre agent s'est approché avec une bouteille d'eau et l'a aidé à boire. Puis Donald a relevé la tête et a regardé dans ma direction. Il m'a adressé un pauvre petit sourire et un clin d'œil à travers ses larmes et il a disparu de ma vue. La voiture est partie quelques secondes plus tard, toutes sirènes hurlantes. Un mouvement sur ma droite a attiré mon attention. Deux hommes étaient montés sur le plateau du pick-up et ils venaient d'ouvrir la porte du frigo. L'un d'entre eux a sifflé et toute la brigade s'est tournée vers lui. Ils ont regardé l'intérieur du frigo et se sont mis à applaudir.

– Tu comprends ce que je viens de te dire, mon petit ?

J'ai sursauté et je me suis retourné vers le policier qui se tenait assis sur la banquette à côté de moi. C'était lui qui m'avait conduit jusqu'ici après l'arrestation de Donald. Depuis qu'on était là, il me parlait, mais je ne l'écoutais pas et il l'a très bien senti. Il m'a souri et il m'a dit :

– Ok ! On va recommencer. Déjà, tu t'appelles comment ?

– Lilian, monsieur.

En m'entendant dire ça, je me suis demandé combien de fois j'avais répété mon nom depuis le départ de Chicago. Sûrement des dizaines. L'agent a froncé les sourcils.

– Tu es américain ?

– Non, monsieur, je suis français.

– Tu parles rudement bien anglais, dis-moi.

– Merci.

– Mais comment ça se fait que tu sois tout seul ici ? Où sont tes parents ?

Ça aussi, je commençais à en avoir marre de le répéter. Mais je me suis forcé à raconter toute l'histoire depuis le départ du bus jusqu'à l'interpellation de Donald, qui m'est alors apparue comme un nouvel épisode de cette aventure. Quand j'ai eu fini, le policier me regardait avec des yeux tout ronds : encore un qui devait se demander ce que j'étais en train de raconter comme bêtises. Pourtant non, il n'a pas eu l'air de douter. Il semblait même très embarrassé :

– C'est que, tu vois, Lilian, on va pas pouvoir t'amener à Indianapolis tout de suite…

– Oh ! Non, s'il vous plaît…

J'ai éclaté en sanglots. Il m'a mis sa grosse main sur l'épaule :

– Lilian, il faut que tu comprennes une chose : ce qui vient d'arriver est très grave. Cet homme t'a pris en otage et tu t'es comporté comme un véritable héros. Tu l'as désarmé et tu nous as permis de l'arrêter. Tu te rends compte ?

– Mais je dois retrouver mon père, à Indianapolis. Il va être mort d'inquiétude quand il ne me verra pas descendre du bus.

– Ne t'inquiète pas, on ira le chercher et on le ramènera ici. Toi, pendant ce temps, tu vas revenir avec nous à Monticello et tu vas tout nous expliquer, tout ce que tu as vu. Tu comprends ?

D'une petite voix, à bout de force, j'ai alors murmuré :

– S'il vous plaît, monsieur…

– Lilian, arrête de pleurer, mon garçon. On ne peut pas faire autrement.

– Non, c'est pas ça, mais…

– Qu'est-ce qu'il y a ?

– Il faut vraiment…

– Que tu voies ton père ? Oui, je sais, j'ai bien compris ça. Mais je t'ai dit…

– Il faut vraiment que je fasse pipi, maintenant…

Chapitre 19

La déposition

Je suis sorti si vite de la voiture qu'un des agents, me voyant partir en courant, s'est mis à hurler :

– Hé ! Toi, là-bas, arrête-toi tout de suite !!!

Hors de question, j'ai pensé en m'enfuyant. J'ai alors entendu une voix qui disait :

– Laisse-le, Douglas ! Un besoin pressant !

J'ai mis beaucoup de distance entre eux et moi et quand j'ai été sûr qu'ils étaient suffisamment loin de moi, je me suis arrêté. Ça a duré des lustres. Je ne pensais pas qu'on pouvait retenir autant d'eau dans son corps. J'ai hésité à regarder Captain America parce que je me suis dit qu'avec toutes ces péripéties, j'avais largement dépassé l'heure. Mais il était deux heures et demie. Encore un peu d'espoir. J'ai aussitôt tourné les talons et je suis revenu vers les voitures de police en repensant à tout ce que m'avait dit l'agent. Retourner à Monticello maintenant, à l'heure qu'il était, c'était impossible. La boule d'angoisse dans mon ventre venait de grossir et m'empêchait de respirer. C'était atroce. Il fallait que j'arrive à les convaincre que le plus important pour moi, maintenant, c'était d'arriver d'une manière ou d'une autre à Indianapolis. Quelques semaines auparavant, j'aurais donné beaucoup pour vivre une telle aventure. Mais maintenant que j'étais là, au cœur d'une histoire incroyable, je ne pensais qu'à une chose : retrouver mon père, ma petite chambre parisienne, ma pile de comics, la voiture de Papa même si elle était pourrie, et mes copains. Je m'en fichais pas mal d'être un héros. D'ailleurs, je n'en étais pas un. C'était Donald qui avait été héroïque en me laissant lui prendre son arme. Le pauvre Donald, qui allait finir en prison. J'étais triste pour lui et les larmes sont revenues sans que je puisse rien faire. Je n'en pouvais plus de cette journée. Je voulais qu'elle se termine. J'étais à bout. Quand je suis revenu au milieu des policiers, le grand moustachu me regardait. Il s'est avancé vers moi en me tendant sa grosse main. Je me voyais, tout petit, dans le reflet de ses lunettes. Il m'a dit :

– Salut Lilian, je suis le capitaine Paterson de la police criminelle de Monticello. Je voulais te féliciter personnellement pour ce que tu as fait tout à l'heure. Ça demande un sacré sang-froid et tu t'es montré très courageux…

– Il faut que vous m'ameniez à Indianapolis, monsieur le capitaine. Mon père m'attend là-bas et…

Je n'ai pas pu aller plus loin. Les sanglots m'ont étouffé. Le capitaine Paterson s'est accroupi devant moi et il m'a pris dans ses bras :

– Eh ! Doucement, mon garçon, doucement. Le sergent Brown m'a expliqué pour ton père. Je sais. Mais tu comprends, il faut que tu viennes faire une déposition à Monticello. On va aller chercher ton papa…

– S'il vous plaît, monsieur… J'ai vraiment besoin de voir mon papa, maintenant.

Il me serrait contre lui et je sentais mon nez qui coulait sur son uniforme. Il m'a repoussé gentiment et il m'a regardé pendant un petit moment derrière ses grosses lunettes. Et puis, il a souri avant de se relever :

– Va t'installer dans la voiture du sergent, je reviens.

J'ai traversé le groupe des policiers. Ils me regardaient tous avec de grands sourires et puis, l'un d'entre eux s'est mis à applaudir. Un autre l'a suivi, puis un autre et avant d'arriver à la voiture du sergent Brown, ils étaient tous en train de frapper dans leurs mains et de siffler. Le sergent Brown m'a tendu une canette de Coca. J'ai hésité à la prendre. Mais j'avais la gorge si sèche que j'ai avalé ça d'une traite, assis là sur le skaï chaud de la voiture de patrouille. J'ai cherché des yeux le capitaine Paterson et j'ai fini par le repérer. Il était assis dans l'une des voitures et il passait un appel sur sa radio. Puis il a fait signe à l'un de ses hommes et ils ont discuté pendant quelques minutes. J'ai alors entendu un long sifflement à l'extérieur. J'ai regardé par la vitre avant et j'ai vu que les pales de l'hélicoptère s'étaient remises à tourner, là-bas, derrière les voitures qui nous avaient bloqués tout à l'heure. Tous les policiers ont plaqué une main sur leur chapeau et une autre sur le bas de leurs visages tellement la poussière volait autour d'eux. La portière de la voiture de Brown s'est ouverte et le capitaine Paterson s'est penché vers moi. Il a crié :

– Tu es déjà monté dans un hélicoptère, Lilian ?

Chapitre 20

En l'air

Le capitaine m'a entraîné derrière lui, ma petite main dans sa poigne énorme et on a couru, courbés en deux jusqu'à l'hélicoptère. L'appareil était constitué d'une grosse bulle en verre à travers laquelle j'apercevais le pilote, assis aux commandes, un casque sur les oreilles. Au-dessus de sa tête, les pâles tournaient si vite qu'on ne les voyait plus. Paterson m'a ouvert la porte du passager et m'a fait monter. Puis il s'est penché vers moi et m'a crié dans l'oreille :

– Le lieutenant Marx va t'expliquer. Je te revois la semaine prochaine à Monticello. Tu es un bon gars, Lilian. Toute la brigade te félicite. Allez, bon vol !

Paterson a refermé la portière. Je n'ai pas compris ce qu'il avait voulu dire par « la semaine prochaine » ni ce que le lieutenant allait « m'expliquer », mais je n'en étais déjà plus là. L'excitation de me retrouver à bord d'un hélicoptère pour la première fois de ma vie avait pris le dessus. Je n'arrêtais pas de me dire : « C'est dingue ! Complètement dingue ! » Au milieu du bruit assourdissant, le pilote m'a montré comment attacher ma ceinture, puis il m'a donné un casque comme le sien que j'ai posé sur mes oreilles. Alors j'ai entendu sa voix dans les écouteurs qui me disait :

– Salut Lilian, je suis Antonio Marx et je vais te ramener à Indianapolis. Si tu veux me parler pendant le voyage, tu as un micro, là.

Il a tendu sa main et m'a montré la petite tige métallique qui sortait des écouteurs et passait devant ma bouche. Puis il a saisi les commandes de l'appareil et il m'a demandé :

– Tu es prêt ? On y va ?

Il m'a fait un grand sourire et il a poussé sur son manche à balai. J'ai senti une secousse et avant que je comprenne ce qui se passait, l'hélicoptère nous arrachait littéralement du sol. En quelques secondes à peine, on était à plusieurs mètres d'altitude. Pris d'un vertige soudain, je me suis aussitôt accroché à mon siège. J'ai regardé sous mes pieds : les voitures et les policiers devenaient de plus en plus petits. Les hommes couraient maintenant vers leurs véhicules et commençaient à manœuvrer pour partir. Et soudain, j'ai senti que mon corps se couchait sur le côté alors que devant nous l'horizon se mettait à la diagonale du cockpit. Je me suis agrippé au bras du pilote et j'ai entendu le lieutenant Marx partir dans un grand éclat de rire qui a fini en cri de joie :

– Hiyyyyyipppppiiii ! J'adore ça, mon garçon. C'est mieux que tous les manèges du monde. Profite du paysage, tu vas voir, c'est extraordinaire…

C'était le mot. Extraordinaire. Autour de nous, le ciel à perte de vue. Au-dessous, le magnifique paysage de l'Indiana commençait à verdir. Mon vertige m'a peu à peu quitté pour faire place à une euphorie que je ne maîtrisais plus. À mon tour, j'ai éclaté de rire. Ça a été plus fort que moi. Depuis Chicago, l'anxiété ne m'avait pas lâchée. Mais là, en un clin d'œil, toutes mes inquiétudes venaient de disparaître comme par magie.

Plus rien n'avait d'importance. Soudain, je voulais même que cette journée dure le plus longtemps possible. J'ai regardé le lieutenant Marx. Ce type devait vraiment avoir une vie fantastique, tous les jours à bord de son hélicoptère, avec le ciel comme terrain de jeu. Je me suis dit alors que c'était ça que je voulais faire plus tard : piloter des hélicoptères aux États-Unis !

Chapitre 21

Un plaisir de courte durée

Au bout d'un moment, le lieutenant Marx m'a demandé :

– Ça va ?

– Ouais ! C'est génial !

– Ton bus doit bien arriver à la gare routière d'Indianapolis à quatre heures, c'est ça ?

– Oui… enfin, à quatre heures et six minutes.

– Bon, je vais t'expliquer comment ça va se passer maintenant. On va atterrir à Indianapolis dans moins d'une heure. Tu vas voir, ça aussi c'est génial. On va voler au-dessus des gratte-ciel et ce sera encore plus impressionnant. Ensuite, on va se poser sur le toit du commissariat central et mes collègues viendront te chercher pour te conduire à la gare routière. Ça, par contre, ça sera peut-être un peu moins génial…

– Ah ! Pourquoi ?

– Parce que cette ville est pleine d'embouteillages. Mais bon, au bout du compte, tu vas pouvoir retrouver ton père et c'est ça l'essentiel. Peut-être même que tu seras un peu en avance.

J'ai aussitôt imaginé la tête de Papa quand il me verrait arriver dans une voiture de police. Mais j'étais tellement grisé que ça aussi, ça m'a fait rire à gorge déployée. De toute façon, cette journée était folle, alors au point où on en était, un peu plus ou un peu moins, ça n'allait rien changer. Et puis j'ai imaginé la tête de Le Floch à la rentrée quand je raconterais tout ça. Bon, là par contre, il allait falloir que j'apporte quelques preuves solides parce que ça ressemblait un peu au plus grand bobard du siècle. Mais je me suis dit que j'avais encore quelques semaines devant moi pour construire mon histoire.

– Bon, Lilian, il reste quand même un petit problème à régler.

Aussitôt, j'ai froncé les sourcils :

– Quel problème ?

– Le sergent Donald Sullivan va être jugé la semaine prochaine à Monticello, et il faut que tu sois présent au procès.

Voilà ce que le capitaine Paterson voulait dire lorsqu'il m'avait parlé de se revoir la semaine suivante… Mon cœur a bondi dans ma poitrine et je me suis écrié :

– Mais c'est pas possible ! On reprend l'avion pour Paris demain après-midi.

– Je sais, Lilian. Ne t'inquiète pas pour ça. Le capitaine Paterson est en train de tout arranger pour que vous restiez une semaine de plus.

J'ai ouvert la bouche, stupéfait. Il s'est esclaffé :

– Ben quoi ? Tu n'aimes pas ce pays ? Tu préfères rentrer demain à Paris ?

– Non, je… sais pas. Mon père…

– Eh ! Regarde !

Marx a alors pointé un doigt en direction de la route que nous étions en train de survoler. Je me suis penché et j'ai vu, à peine plus gros qu'une fourmi, un bus gris qui cheminait.

– C'est pas ton bus ?

– Je sais pas. On dirait…

Marx a consulté sa montre et il a dit :

– Ça, Lilian, c'est le bus qui passe à Monticello à 14 h 12 pour Indianapolis. J'en sais quelque chose : ma femme le prend souvent pour aller voir sa mère. Tu veux que je te dépose ?

La question m'a surpris. J'ai regardé Marx. Il avait l'air sérieux. J'ai fait non de la tête et il a rigolé en poussant sur son manche à balai. L'appareil s'est presque mis à la verticale et nous avons pris de la vitesse.

– Quand je te disais que tu serais en avance à ton rendez-vous ! Allez ! Yaaaahhh !

C'est là que j'ai cru entendre un bruit. Mais j'ai constaté que ça n'alarmait pas le lieutenant. J'ai regardé la route en contrebas : le bus avait disparu derrière une côte. Quelques instants plus tard, un nouveau bruit a attiré mon attention. J'ai tourné les yeux vers le pilote : lui aussi l'avait entendu. Et il ne riait plus du tout.

– Oh ! Bon sang ! C'était quoi ce truc ?

Marx a tiré sur la commande de vol et l'appareil a eu une secousse. La boule d'angoisse s'est aussitôt reformée.

– Qu'est-ce qui se passe ?

Le lieutenant ne m'a pas répondu. Il a saisi le manche à deux mains et il a regardé autour de lui. Je me suis rendu compte qu'on perdait de l'altitude. Il m'a alors dit :

– Il faut qu'on se pose, Lilian. J'ai un problème.

Chapitre 22

La cavalcade

Le lieutenant Marx a semblé reprendre le contrôle de l'hélicoptère et il s'est mis à décrire des cercles qui nous rapprochaient de plus en plus du sol.

– Ok ! Lilian, ne t'inquiète pas, on va pouvoir atterrir tranquillement. Par contre, il va me falloir un petit moment pour réparer. Si j'y arrive. Tu vois ce champ là-bas ?

J'ai suivi des yeux le doigt qu'il pointait vers le paysage en contrebas. On voyait la route bordée par des champs qui s'étalaient à perte de vue.

– On va se poser là et je vais t'accompagner jusqu'à la route. On attendra ton bus. Je vois pas autre chose. Je vais prévenir le commissariat d'Indianapolis et…

– Je vous préviens, le chauffeur est un imbécile. Il ne voudra jamais s'arrêter.

– Je suis de la police, Lilian. Ne crains rien.

L'hélicoptère est descendu tranquillement et nous avons entamé une dernière rotation qui nous a conduits au milieu du champ que Marx visait. À la dernière seconde, il a redressé les commandes, l'appareil s'est cabré brusquement, de la poussière a volé partout autour de nous et les patins ont enfin touché la terre ferme. J'ai poussé un profond soupir mais le lieutenant ouvrait déjà sa portière et me hurlait, par-dessus le bruit infernal des rotors :

– Lilian ! Dépêche-toi, il arrive !

Derrière lui, j'ai alors aperçu le bus qui descendait la route. Il était à peine à cinq cents mètres de nous. Je me suis emmêlé les doigts dans la boucle de ma ceinture. Courbé en deux, Marx a ouvert ma portière et m'a libéré. Puis il m'a hissé hors de l'hélicoptère, m'a pris par la main et nous nous sommes mis à courir aussi vite que possible. Le terrain était accidenté. Nous devions sauter les sillons fraîchement tracés dans la terre. Le bus se rapprochait. Marx a levé un bras en l'air et a commencé à faire de grands gestes pour attirer l'attention du chauffeur. J'étais hors d'haleine, mes poumons me faisaient mal, à chaque pas, je trébuchais, manquant de me tordre les chevilles. Et puis, j'ai senti la main de Marx qui me lâchait. Je me suis retourné vers lui en ralentissant ma foulée. Il était plié en deux, les mains posées sur les genoux, hors d'haleine. Il a redressé la tête et m'a crié :

– File ! Vite ! Tu vas le rater ! T'occupe pas de moi, j'ai plus de souffle !

Moi non plus, je n'avais plus de souffle mais j'ai redoublé d'efforts. Lorsque j'ai enfin atteint la route, le bus n'était plus qu'à quelques mètres. J'ai encore eu la force de lever mes bras, mais je savais que c'était bon, j'avais gagné.

Je me suis rapidement retourné vers le lieutenant Marx pour lui envoyer un dernier salut. Il s'était assis dans la terre et il m'a crié quelque chose que je n'ai pas entendu à cause du bruit du moteur qui arrivait dans mon dos. J'ai alors senti un vent puissant qui s'enroulait autour de mon corps et j'ai fait volte-face. La poussière m'a aveuglé. Quand j'ai rouvert les yeux, le bus filait, sans ralentir, vers l'horizon.

Chapitre 23

Les gros mots, parfois…

Papa détestait que je dise des gros mots. Les gros mots, c'était interdit à la maison et interdit au collège. Ça pouvait vous coûter pas mal de punitions. Mon copain Éric Palgrini, il avait une solution pour pouvoir dire des gros mots devant ses parents sans se faire choper. Ils avaient une 2 CV qui faisait un bruit infernal. Alors dès qu'il était dedans et que son père conduisait, Éric disait tous les gros mots qu'il connaissait à voix haute et personne ne l'entendait.

En voyant le bus s'éloigner pour la deuxième fois en seulement trois heures, je me suis mis moi aussi à hurler tous les gros mots que je connaissais. Et un garçon de onze ans en colère, ça a un sacré vocabulaire, croyez-moi. Mais ça n'a pas suffi à arrêter cet imbécile de chauffeur. Quand le Greyhound a fini par disparaître derrière un faux plat et que j'ai été bien certain que tout était terminé pour moi, je me suis effondré.

Au loin, j'entendais la voix essoufflée du lieutenant Marx qui se rapprochait :

– Lilian ! Lilian, tu m'entends ? Oh ! Hé ! Petit ! T'inquiète pas, je vais appeler mes collègues. Ils seront vite là et ils vont pouvoir t'emmener.

Son corps a soudain masqué le soleil aveuglant et j'ai rouvert les yeux. Il se tenait au-dessus de moi, grimaçant, la respiration hachée :

– Je suis désolé, Lilian. Je suis vraiment déso…

Il s'est brusquement dressé, le regard en direction du nord. Puis, tout aussi vite, il a disparu de mon champ de vision. Étonné, je me suis relevé et je l'ai vu, quelques mètres plus loin, agitant ses bras vers le ciel. J'ai d'abord cru qu'il devenait fou mais soudain, j'ai entendu un ronflement qui se rapprochait. Marx s'est écrié :

– Des motos ! Des motos, Lilian ! T'es sauvé mon gars.

Je me suis tourné sur le côté, mais son corps me cachait l'endroit qu'il indiquait. Alors je me suis remis sur mes pieds. Le ronflement se faisait plus fort et, au bout de la ligne droite, j'ai finalement aperçu deux motos. Décidément, dans ce pays, il suffisait de regarder l'horizon pour voir l'espoir surgir de nulle part. Tout ce qu'il fallait, c'était une route et un peu de temps devant soi.

Pendant un court instant, les motos ont disparu derrière un faux plat, pour réapparaître aussitôt. Marx a alors baissé les bras et s'est exclamé :

– Oh ! Mince !

– Qu'est-ce qu'il y a encore ?

Il ne m'a pas répondu. Il s'est contenté de déboutonner sa chemise à toute vitesse et, une fois qu'il l'a eu enlevée, il l'a jetée dans le fossé.

– Qu'est-ce que vous faites ?

Les motos n'étaient plus qu'à une centaine de mètres de nous. Marx a débouclé sa ceinture qui tenait son arme et sa paire de menottes. Il l'a balancée avec le reste et s'est tourné vers moi :

– S'ils voient que je suis policier, ils ne s'arrêteront jamais !

– Pourquoi ?

– Ne dis rien, laisse-moi faire !

En T-shirt à bretelles, Marx a fait un pas vers la route et s'est remis à agiter les bras. Je pouvais maintenant distinguer les deux motards. L'un portait un chapeau de cow-boy que le vent rabattait vers l'arrière, et un costume bizarre avec des franges. L'autre, un blouson de cuir noir et des lunettes à verres jaunes. Il transportait un passager. En passant à côté de nous, ils ont ralenti et nous ont jeté des regards suspicieux.

Chapitre 24

Captain America existe

C'était sans doute les motos les plus étranges et les plus belles que j'aie jamais vues. Le soleil se reflétant dans des milliers de chromes magnifiques, elles étincelaient de partout. Celle du cow-boy était trapue, avec un guidon carré qui obligeait son pilote à se pencher vers l'avant pour conduire. L'autre, c'était tout l'inverse. Un guidon immense, une fourche très longue et un réservoir sur lequel était peint le drapeau américain. Le motard la conduisait dans une position presque allongée. Assis sur l'arrière de la selle, son passager portait un costume blanc et un casque doré.

Le cow-boy est resté en retrait sur la route pendant que son copain manœuvrait son engin pour faire demi-tour et revenir vers nous. Il avait un drapeau américain cousu au dos de son blouson. Et comme si ça ne suffisait pas, sur le très haut dossier de la selle, un casque était accroché, lui aussi décoré aux couleurs du *Stars and Stripes*[1]. En le voyant approcher, je me suis dit qu'un type qui portait autant de fois le drapeau de son pays sur lui était soit très cool, soit complètement timbré. Une fois qu'il a été devant nous, avec son copain au casque doré, ils nous ont regardés longuement des pieds à la tête. Le lieutenant Marx a finalement ouvert la bouche, mais le motard l'a coupé avant qu'il puisse dire quoi que ce soit :

– Je t'ai vu retirer tes fringues alors qu'on arrivait. T'es de la police, c'est ça ?

Il avait une voix calme et un regard serein derrière ses lunettes à verres jaunes. Peut-être qu'il n'était pas dingue, après tout. Marx a soupiré en baissant la tête :

– Oui. Mais c'est parce que je voulais pas vous faire peur…

Les trois motards ont alors éclaté de rire et celui au drapeau américain a répondu :

– Pourquoi on aurait peur de toi ? Parce que t'es flic ? Écoute, mec, tu veux que je te dise ? Je vis dans un pays libre, mais y a tout un tas de gens qui veulent nous

1. Le *Stars and Stripes* est le nom donné au drapeau des États-Unis. Il est constitué de cinquante étoiles (*stars*) représentant les cinquante états, et de treize bandes rouges et blanches (*stripes*) symbolisant les treize états fondateurs qui se sont unis pour former ce pays.

empêcher de vivre librement. Pourtant, tu vois, on fait rien de mal avec mes copains. On roule, c'est tout. D'une ville à l'autre, jusqu'à la Nouvelle Orléans. Et pour éviter les ennuis, j'ai décidé d'emmener mon avocat.

Il a tendu un pouce en direction du type assis derrière lui. Celui-ci nous a salués brièvement et le motard a dit :

– Je vous présente George Hanson. Lui, là-bas, avec son costume de cow-boy, c'est mon vieux copain Billy. Il parle peu, mais il se marre tout le temps, donc il est sympa. Moi, c'est Wyatt. Mais tous mes copains m'appellent Captain America.

– N'importe quoi !

Tous les yeux se sont tournés vers moi et je me suis plaqué une main sur la bouche. Ça m'avait carrément échappé : ce type ne ressemblait pas du tout à Captain America. Wyatt a aussitôt jeté un œil à ma montre et m'a fait signe de m'approcher. J'ai obtempéré à contrecœur, mais il m'a fait un sourire rassurant en saisissant mon poignet. Puis il a hoché la tête et m'a lancé :

– Je te l'accorde, on ne se ressemble pas complètement. Mais tu peux me croire : d'abord je suis beaucoup plus cool que Steve Rogers. Et ensuite, j'ai pas l'air comme ça, mais j'ai quand même deux ou trois superpouvoirs. Notamment celui de deviner les situations compliquées. Par exemple la tienne, gamin. Je sais pas bien pourquoi tu es monté dans cet hélico de la police d'État, mais je pense que vous êtes tombés en panne au mauvais moment. Je me trompe, chef ?

Le lieutenant Marx a jeté un regard par-dessus son épaule, en direction de son hélicoptère. Puis il a regardé Wyatt et son avocat pendant un petit moment, et enfin Billy qui n'avait pas quitté sa position, garé en retrait, et venait d'allumer une cigarette. Il a dû en conclure que ces trois types n'étaient pas bien méchants parce qu'il a fini par leur dire :

– Bon, écoutez les gars, ce gosse doit rejoindre au plus vite le bus de la Greyhound qui vient de passer. Si vous pouviez lui rendre ce service, eh bien...

– Eh bien ?

J'ai senti que le lieutenant Marx n'avait pas grand-chose à proposer en échange, à part peut-être un hélicoptère en panne mais je n'étais pas sûr que ces trois motards auraient su quoi en faire. Et puis, il n'allait sûrement pas prendre le risque de dire à ces types qu'il leur confiait une mission d'État. Alors j'ai pris la parole :

– Je vous offre ma montre.

Captain America m'a regardé en plissant les yeux derrière ses lunettes. Son copain Billy s'est alors mis à rire, bientôt rejoint par l'avocat. Le lieutenant Marx, lui, a gratté la terre avec le bout de sa chaussure en attendant que ça passe. Enfin, Wyatt m'a demandé :

– Comment tu t'appelles, gamin ?

J'ai gonflé les joues parce que cette question m'a tout de suite irritée. Je n'allais quand même pas répondre pour la millième fois : « Lilian, monsieur. » Alors j'ai farfouillé dans ma mémoire à la recherche d'une couverture des comics que mon père m'achetait tous les mois et quand j'ai eu trouvé la bonne, j'ai répondu :

– Lilian Camblet. Mais tous mes copains m'appellent Le Faucon.

Captain America a éclaté de rire avant de s'écrier à l'adresse de son copain cow-boy :

– Eh ! Billy ! Fais une place sur ta selle pour notre nouveau camarade, Le Faucon !

Les motos ont redémarré et Marx m'a tendu la main. Quand je l'ai serrée, il m'a attiré à lui et m'a glissé à l'oreille :

– T'es un petit malin, Lilian. J'ai été ravi de te rencontrer. Allez, file. Je vais prévenir le central d'Indianapolis pour qu'ils te réceptionnent à l'arrivée. Bonne route, gamin.

La route américaine

Les États-Unis d'Amérique s'étendent sur un territoire de plus de neuf millions de kilomètres carrés, c'est-à-dire l'équivalent de quinze fois la France. On peut évidemment se déplacer dans cet immense pays en avion ou en train. Mais le moyen le plus utilisé reste la voiture – ce qui explique pourquoi les USA en ont produit autant.

La route aux USA est le symbole de la liberté. On passe par les endroits les plus incroyables, ceux-là même que traversaient les diligences à l'époque du Far-West. Monument Valley, *le Grand Canyon, le parc des Yosemite avec ses séquoias millénaires, des arbres qui peuvent atteindre plus de cent mètres de haut, etc.*

Les Américains ne comptent pas en kilomètres, mais en miles. Un mile équivaut à 1,609 kilomètre. Ce qui fait que les distances n'ont aucun rapport avec les nôtres. Tout est une fois et demie plus loin. D'ailleurs, en Amérique, on ne parle pas d'un trajet en nombre de miles à parcourir mais en temps de voyage, c'est beaucoup moins abstrait.

Chapitre 25

Sur une Harley Davidson

Si je faisais bien le compte, en seulement trois heures j'avais pris : un bus conduit par un chauffeur débile, une voiture pleine de gangsters, un pick-up avec un frigo rempli de billets de banque, un hélicoptère qui avait failli se crasher et maintenant, je roulais sur la selle arrière d'une…

Je me suis penché et j'ai crié dans l'oreille de Billy :

– C'est quoi cette moto ?

– Une Harley Davidson Panheads de 1951, fiston.

– Et celle de Captain America ?

– Une Harley Davidson Panheads de 1951, fiston.

– Non, je voulais dire celle de votre copain, c'est quoi ?

– Ben, une Harley Davidson Panheads de 1951, j'te dis. Sauf que la sienne, elle est chopperisée avec une fourche rallongée de douze pouces et un angle de chasse à 42°. C'est pour ça qu'il a l'air couché quand il conduit. Tu piges ?

À vrai dire, non, je ne pigeais pas vraiment. Mais je me demandais quand même ce que je préférais entre le vol en hélicoptère et la balade sur la selle arrière de cette Harley Davidson Panheads de 1951. Moi qui n'étais pas très doué pour retenir les dates de l'histoire de France, j'ai au moins enregistré qu'en 1951, on avait construit cette moto-là, aux États-Unis, et que c'était un sacré engin.

Là, assis sur cette selle arrière, je pouvais sentir les fortes odeurs de la route chauffée à blanc par le soleil implacable. Où que je promène mon regard, tout n'était que vitesse. Les bandes jaunes qui défilaient sous nos roues, les grandes lignes de cultures dans les champs que nous longions, le vent dans les franges du costume de cow-boy de Billy, mes cheveux qui fouettaient mon visage. La résistance du vent était telle que j'avais presque du mal à respirer. C'était du délire !

– Hyyyyyyyyhaaaaa !

– Woooo ! Gamin ! Hurle pas comme ça, tu vas me déchirer les oreilles.

Je me demande comment j'aurais pu déchirer les oreilles de Billy alors que sa moto faisait déjà un bruit d'enfer. Il a tourné la poignée d'accélération et on est venus se positionner à hauteur de la moto de Captain America et de son avocat. Pendant un moment, on a fait la course avec eux. Un coup, ils nous passaient devant, le coup d'après, c'était notre tour. À chaque fois que nous les doublions, George, l'avocat, me faisait des grimaces démentes. Ce type avait des sourcils incroyables qu'il semblait pouvoir relever bien au-delà de son front. Ses yeux roulaient dans tous les sens et sa bouche faisait des sourires de clown effrayant. On aurait dit le loup de Tex Avery. Je riais comme un fou. Au bout de plusieurs kilomètres de cette comédie, Wyatt a tendu un doigt vers l'horizon. Une fois de plus, j'ai vu mon bus dans le lointain, avec sa carrosserie brillante. Captain America m'a alors crié :

– T'as deux possibilités, Lilian. Soit tu viens avec nous jusqu'à la Nouvelle Orléans pour voir le carnaval, soit tu vas retrouver ton père à Indianapolis. T'es libre de choisir.

Je ne savais pas ce que pouvait être le carnaval de la Nouvelle Orléans et j'aurais bien aimé connaître ça parce qu'à mon avis, ça devait être autre chose que celui que je voyais chaque année dans les gorges du Tarn. Et puis la réalité m'est revenue d'un coup en pleine face. Une petite étincelle à l'horizon. J'ai crié :

– Le bus, Captain America. Le bus !

Wyatt a accéléré, Billy a suivi et, en quelques minutes, on a remonté la distance qui nous séparait du Greyhound. Arrivé à son niveau, Captain America a commencé à klaxonner et à faire des signes pour que le chauffeur se gare sur le bas-côté. Mais visiblement, ce dernier ne l'entendait pas de cette oreille. Il a sorti son bras par la vitre ouverte et nous a fait un geste pour qu'on le laisse tranquille. Les deux motos l'ont alors doublé et, arrivé au niveau conducteur, Wyatt a hurlé :

– Arrêtez-vous ! On a un passager qui veut monter !

– Ça va pas, non ? Allez m'attendre à Lafayette. Je m'arrêterai pas avant ! Allez, du vent, bande de sales hippies ! Filez d'ici avant que je m'énerve !

Captain America a brusquement remis les gaz. Sa Harley a fait une embardée et l'avocat a dû s'accrocher pour ne pas basculer en arrière. Billy a suivi et on a filé à toute vitesse pendant un bon mile, laissant le bus loin derrière nous. Je commençais à m'inquiéter quand j'ai vu la moto de Wyatt ralentir. On l'a rejoint au moment où il faisait demi-tour pour se garer au milieu de la route. Billy s'est positionné à côté de lui et on est tous descendus. Je me suis vite rapproché de Captain America et lui ai demandé :

– Qu'est-ce que vous faites ?

Wyatt m'a regardé en souriant et il a déclaré :

– Je suis Captain America, et comme je te l'ai dit, j'ai quelques superpouvoirs.

Quand je me suis retourné vers la route. Le bus nous arrivait dessus.

Chapitre 26

Captain America contre le chauffeur imbécile

Je sais bien que les superhéros n'existent pas et que Captain America n'était pas son vrai nom, pas plus qu'il n'avait le moindre pouvoir. Le seul truc que Wyatt possédait vraiment, c'est une sacrée dose de courage. Ou alors, comme je l'avais envisagé plus tôt, il était complètement cinglé. En fait, c'est ça que j'ai pensé quand je l'ai vu se dresser devant le bus en tendant sa main ouverte devant lui. Quand il a vu le chauffeur qui ouvrait de grands yeux mais ne freinait pas pour autant, Billy s'est enfui le premier, abandonnant sa moto sur place. George n'a pas tardé à le rejoindre et tous les deux ont roulé dans la poussière du bas-côté. J'ai voulu en faire autant mais c'était déjà trop tard. Le bus était là, lancé à pleine vitesse et je ne voyais pas très bien comment Wyatt et moi, on pouvait lui échapper.

À la dernière seconde, le chauffeur a braqué son volant sur la droite. Immédiatement, le bus s'est mis de côté et il a commencé à glisser de travers. Lentement, très lentement, sa vitesse a commencé à décroître dans un grand crissement de pneus. Si bien que quand il s'est finalement immobilisé, Captain America n'a eu qu'un pas à faire pour poser sa main sur la belle carrosserie métallique. Elle était si lustrée qu'on pouvait voir nos reflets dedans. Il y a eu un petit moment de flottement pendant lequel j'ai senti que mes jambes commençaient à flageoler. Puis la porte du bus s'est ouverte et le chauffeur a sauté de sa cabine en hurlant comme un fou.

– Non, mais vous êtes complètement dingues ! Vous vous rendez compte de ce que vous venez de faire, espèces de…

En fonçant sur nous, rouge de colère, il avait armé son poing pour frapper. Mais Captain America a évité le coup et l'a saisi par le col de son costume avant de le plaquer contre le bus. Sonné, le type n'a plus bougé et Wyatt lui a parlé très calmement :

– Comment tu t'appelles ?

– Hein ?… Heu… Dwayne…

– Très bien. Dwayne, je te présente Lilian. Tu le reconnais ?

– Non, je…

– Lilian est descendu de ton bus à Prairie, il y a maintenant trois heures. Il avait envie de faire pipi et tu es reparti sans lui. Tu sais quel âge a ce garçon, Dwayne ?

– Écoutez, je suis désolé… Je lui avais dit de pas traîner, j'ai des horaires à respecter…

– Tais-toi, Dwayne, tu t'enfonces. C'est les USA, ici. On n'abandonne pas un gosse au milieu de nulle part sous prétexte qu'on n'a pas le temps de l'attendre. Et il se trouve que ce gosse, c'est mon neveu, tu vois. Alors tu sais ce que tu vas faire, Dwayne ? Tu vas faire monter mon neveu dans ton bus et tu vas l'emmener à Indianapolis où son père l'attend. D'accord ?

– Euh… Mais en fait, pourquoi… ?

Captain America a raffermi sa prise sur le col du chauffeur et, sans s'énerver, il a demandé :

– Y a un truc que tu comprends pas, Dwayne ?

– Euh… Non, non… Bien sûr… Je me demandais juste pourquoi vous l'emmenez pas à moto. C'est vrai ça : il y serait plus vite, à Indianapolis.

Captain America a souri et il a relâché le chauffeur avant d'interpeller son copain George qui était en train d'épousseter son beau costume tout blanc.

– Dis-moi George. De là où tu es, tu peux noter la plaque d'immatriculation de ce bus, s'il te plaît ?

– C'est comme si c'était fait, Wyatt.

Ensuite, Captain America s'est tourné vers le chauffeur :

– Pourquoi je devrais, moi, amener mon neveu à Indianapolis, alors qu'il a payé sa place pour voyager tout à son aise dans ce bus, hein, dis-moi, Dwayne ?

Le chauffeur a baissé la tête. Wyatt m'a regardé et m'a demandé :

– Tu dois avoir faim, Lilian, non ?

Je ne voyais pas où il voulait en venir, mais c'était vrai que mon repas avait été frugal et qu'avec toutes ces aventures, j'avais sué sang et eau. Alors j'ai répondu :

– Oui. Un peu.

– Alors voilà ce que tu vas faire, Dwayne-le-chauffeur-pressé : tu vas t'arrêter à Lafayette et tu vas trouver un bon petit restaurant. Et puis tu vas lui commander… un cheeseburger avec des frites, un Coca et des donuts. Ça te plairait ça, Lilian ?

– Oh ! Ouais !

– T'as entendu, Dwayne ?

– Mais je vais être en retard !

– Si tu fais bien les choses, ça devrait pas te prendre beaucoup de temps. Et puis de toute manière, on va t'escorter avec mes copains pour voir si tout se passe bien comme je l'ai dit. D'accord ?

Le chauffeur s'est gratté la tête et m'a regardé avec un air revêche.

– Ah ! Et puis autre chose, Dwayne : comme on va pas te suivre jusqu'à Indianapolis, autant que tu le saches. Mon copain George est avocat. Il a noté ton immatriculation. Si j'apprends que tu t'es mal comporté avec Lilian, j'appellerai moi-même ta compagnie et je leur raconterai ce qui s'est passé sur cette route aujourd'hui. On est d'accord, Dwayne ? Je passe devant, et tu me suis.

Chapitre 27

Une pause déjeuner bien méritée

Au moment de dire au revoir à mon « oncle » et à ses copains, j'ai détaché ma montre de mon poignet et je l'ai tendue à Captain America. Il a eu l'air de ne pas comprendre :

– C'est quoi, ça ?

– Ma montre. Je t'avais promis que…

Il s'est penché et m'a posé sa main gantée sur l'épaule :

– Tu sais, Lilian, quand on a commencé ce voyage avec mon pote Billy, j'avais une belle montre moi aussi, un truc qui me venait de mon père. Et puis, comme je savais pas quand on reviendrait chez nous, comme je savais même pas si on reviendrait un jour ou si on poursuivrait notre voyage au-delà de la Nouvelle Orléans, j'ai décidé que cette montre, j'en avais plus besoin. Alors je l'ai laissée à l'endroit duquel on est parti. Tu peux pas savoir combien on se sent libre quand on n'a plus l'heure à son poignet. Garde la tienne et peut-être qu'un jour, toi aussi, tu voudras la laisser quelque part…

J'ai remis ma montre à mon poignet et je suis monté dans le bus sans un regard pour le chauffeur. Il ne restait plus grand monde sur les banquettes et tous ces gens-là me fixaient avec des yeux bizarres. À l'arrière, j'ai aperçu cette femme avec sa petite fille qui m'avait tiré la langue alors que je courais après le car sur la route de Prairie. Apparemment, elle n'avait plus très envie de me faire la moindre grimace. J'ai donc pris un malin plaisir à lui en faire une, bien horrible.

On a redémarré et, comme l'avait dit Captain America, les motards nous ont escortés jusqu'à la ville suivante : Lafayette. Là, ils nous ont guidés jusqu'à un restaurant comme j'en avais tant vu lors de nos balades de la semaine précédente. John appelait ça un *diner*. C'était un wagon de train aménagé en gargote. Une pancarte juchée sur le toit disait que l'endroit s'appelait *Joe's*. Le chauffeur est descendu, tout penaud, et avant qu'il n'aille plus loin, Captain America l'a arrêté et lui a parlé en montrant le bus. Dwayne a fait de grands gestes énervés avant de s'interrompre et de filer vers le *diner* en baissant la tête. Captain America est alors monté dans le bus et s'est adressé aux passagers qui commençaient à s'agacer sérieusement :

– Mesdames et messieurs, je vous demande d'excuser votre chauffeur pour ce petit contretemps. Rassurez-vous, vous ne serez pas trop en retard à Indianapolis. Et pour vous dédommager et vous remercier de votre patience, ce cher Dwayne est allé vous chercher du ravitaillement. Lilian !

J'ai bondi sur mes deux pieds et j'ai remonté l'allée jusqu'à lui. Wyatt m'a serré la main pendant un long moment, puis, sans un mot, il m'a tapé sur l'épaule avant de se sauver. Ensuite, il a rejoint sa moto et, avec Billy et George, ils ont attendu de voir ressortir le chauffeur chargé de sacs en papier pleins de nourriture. Ils se sont assurés qu'il remontait bien dans le bus et qu'il distribuait les repas avant de démarrer leurs motos. Ils m'ont salué, ont fait demi-tour et sont partis.

Je n'aimais pas les au revoir, encore moins les adieux. Un coup de chance : au cours de ce voyage, je n'avais pas vraiment eu l'occasion de m'attarder sur le départ d'aucun de mes compagnons de route. J'ai donc ouvert mon sac et me suis jeté sur mon cheeseburger. Le bus a démarré au moment où j'ouvrais mon Coca. Je pense que Dwayne a fait exprès d'accélérer violemment, mais j'ai pu retenir ma cannette et je lui ai envoyé un petit salut dans le rétroviseur où il me regardait. Décidément, ce type méritait tous les gros mots que je lui avais hurlés en courant derrière son fichu bus.

Chapitre 28

Indianapolis

– Lilian ?... Lilian ? Réveille-toi !

Le bus Greyhound me fonçait dessus et cette fois, Captain America ne pouvait rien pour moi. J'étais seul, au milieu de la route, comme l'avait été plus tôt George Kaplan face au camion-citerne. Avec un peu de chance, moi aussi, je passerais entre les roues. J'ai ouvert les yeux au moment de l'impact. Un homme se tenait au-dessus de moi et j'ai mis du temps à le reconnaître.

– Papa ?

Eberlué, j'ai regardé autour de moi. J'étais dans le bus. Des bruits de klaxons et le ronronnement de la circulation me parvenaient par les vitres ouvertes.

– Eh, fiston, tu es arrivé !

Je me suis redressé sans bien comprendre ce que je faisais là. J'ai regardé mon père. Après tout ce que j'avais vécu ce jour-là pour pouvoir le retrouver, normalement j'aurais dû lui sauter au cou. Mais un truc me perturbait terriblement et faisait barrage.

Au cours de ce voyage entre Chicago et Indianapolis, quand m'étais-je endormi ? Avais-je vraiment vécu tout ça ou l'avais-je rêvé ? Si c'était un rêve, alors j'étais aussi profondément déçu qu'à chaque fois que je voyais un de ces films à la fin desquels on nous disait que toute l'histoire n'avait été qu'un songe.

– Lilian ? Tu vas bien ?

– Oui, je…

Tandis que je me levais, quelque chose a glissé de mes genoux et est tombé sur le sol. Je me suis penché pour le ramasser au moment où mon père demandait :

– Tu as fait un bon voyage ?

C'était un sac en papier qui avait contenu de la nourriture. Le même que celui que m'avait donné John au moment de monter dans le bus à Chicago.

J'avais donc rêvé, c'était aussi stupide et désespérant que ça. Après tout, je n'étais qu'un gosse de onze ans qui n'avait jamais rien vécu et qui ne vivrait jamais rien d'extraordinaire. Voilà, c'était comme ça, il allait falloir que je m'y habitue…

J'ai regardé Papa en grimaçant et j'ai répondu :

– Ouais, bof !

– Je m'en doute, avec le chauffeur que vous aviez. Cet imbécile est sorti de son bus sans même vérifier qu'il n'y avait plus personne à bord. Je me suis inquiété de ne pas te voir descendre. Et quand je suis monté, je t'ai trouvé couché sur ta banquette. Tu as une mine terrible. Tu es sûr que ça va ?

– Oui, oui. On y va ? J'en ai marre d'être ici.

On est descendus du bus et, au moment où j'ai jeté le sac en papier dans une poubelle, j'ai entendu une sirène de police quelque part dans l'une des allées de la gare routière.

Je ne sais pas pourquoi, mais un détail a retenu mon attention et je suis revenu en arrière pour regarder dans la poubelle.

– Lilian, qu'est-ce que tu fais ?

Le sac en papier que je venais de jeter… Dessus, il y avait le dessin d'un wagon aménagé en *diner*. Et il y était écrit en grosses lettres : *Joe's*.

Alors que, bouche bée, je relevais les yeux vers mon père, la voiture de police est venue se garer à côté de nous et deux agents en uniformes en sont sortis. L'un d'eux m'a regardé, l'autre s'est directement adressé à mon père :

– Bonjour, vous êtes le père de ce garçon ?

Chapitre 29

Au central d'Indianapolis

J'aurais préféré avoir le temps de tout raconter à mon père tranquillement, le soir même, dans notre chambre d'hôtel, près de l'aéroport. D'un autre côté, j'imagine qu'il m'aurait écouté patiemment et qu'en conclusion, il serait resté planté là à me regarder, un peu embarrassé, avant de me dire quelque chose du genre : « Écoute, Lilian… Je commence à croire que M. Lestrades avait raison quand il me disait que tu racontais beaucoup de mensonges. Moi, ça ne me pose pas de problème, c'est même de ton âge. Seulement quand on ment sur des choses aussi énormes, on finit toujours par le regretter. »

Au moins, je me serais évité ça. À la gare routière, Papa a essayé de savoir de quoi il était question et ce que lui voulaient ces deux policiers, mais ils lui ont simplement déclaré qu'on devait les suivre et que tout nous serait expliqué au commissariat. Quand on a été installés sur la banquette arrière de leur voiture, Papa s'est tourné vers moi. Il avait l'air très tendu quand il m'a demandé :

– Elle est grosse comment, la bêtise que tu as faite ?

J'allais répondre quand l'un des deux policiers s'est retourné vers moi :

– Alors c'est toi, le héros de Monticello ? Après tout ce que nos collègues nous ont raconté, je t'imaginais plus grand que ça.

Je n'ai pas su quoi répondre. Il a rigolé, Papa m'a regardé stupéfait et le policier lui a dit :

– C'est vous qui avez amené ce gamin aux États-Unis ?

– Euh… Oui, pourquoi ?

– Il vous a remercié pour le voyage ?

– Je… Oui, enfin, vous pourriez m'expliquer là, parce que je ne comprends pas très bien de quoi il s'agit.

– Ne vous inquiétez pas, M. Camblet. C'est vous qui allez le remercier dans quelques instants. J'espère juste que vous n'aviez pas prévu de rentrer en France tout de suite, parce qu'alors il va falloir décaler…

– Pardon ? C'est quoi cette histoire ?

L'histoire en question, Papa m'a donc écouté la raconter, par le menu, devant deux autres policiers qui se sont présentés en disant qu'ils étaient détectives. Aucun des deux ne portait d'uniforme. Juste de grosses moustaches pour l'un et un costume très chic pour l'autre. Le temps que je finisse, ils avaient descendu trois cafés chacun. Papa se frottait les yeux comme s'il sortait d'un profond sommeil, me regardait ensuite, puis se frottait à nouveau les yeux comme s'il avait voulu se rendormir aussi sec. Les deux détectives aussi semblaient avoir du mal à comprendre comment un môme de mon âge avait pu vivre autant de trucs dingues en si peu de temps, tout ça pour finir par arriver à destination en un seul morceau. Du coup, quand j'ai terminé mon récit, ils sont restés comme ça, la bouche ouverte pendant un long moment, et puis une avalanche de questions m'est tombée dessus.

Il a fallu que je recommence à zéro, une fois, deux fois, trois fois, que je leur donne des tas de détails et comme tout ça était très frais dans ma mémoire, ils ont vite compris que je ne racontais pas de bobards. Ils remplissaient des tas de papiers, faisaient des comparaisons avec les documents que la police de Monticello leur avait envoyés quelques heures plus tôt et pour finir, ils sont sortis et ils nous ont dit d'attendre.

La porte s'est refermée et j'ai senti le regard de Papa dans mon dos. Je me suis tourné vers lui, j'ai vu ses deux bras jaillir en avant et dans la seconde qui a suivi, je me suis retrouvé serré contre lui. Il m'embrassait les cheveux, je l'entendais renifler et quand il s'est détaché de moi, j'ai vu qu'il pleurait. Il a poussé un long soupir en secouant la tête. Il a souri aussi et pour finir, il a murmuré :

– Je… Je suis vraiment, vraiment, vraiment désolé que tu aies dû vivre ça et de t'avoir autant mis en danger. J'espère qu'un jour, tu pourras me pardonner. Je ne sais pas quoi dire, Lilian.

J'ai souri, et j'ai soufflé :

– T'inquiète. T'imagines tout ce que je vais pouvoir raconter à la rentrée ?

Il m'a regardé alors plus intensément, puis il m'a dit :

– Tu sais Lilian, je crois que Maman aurait été fière de toi… Vraiment fière de toi.

MONTICELLO HERALD JOURNAL
Mardi 20 juillet 1976

LE STUPÉFIANT PÉRIPLE D'UN PETIT *FRENCHY* SANS HISTOIRES

Lilian Camblet, onze ans, résident français en vacances à Chicago avec son père, n'aurait jamais imaginé qu'il deviendrait, en l'espace de quelques heures seulement, le héros d'une aventure qui aurait pu très mal tourner.

« *Je voulais juste rattraper mon bus et ne pas inquiéter mon père...* » C'est par ces mots que le jeune Lilian Camblet a résumé à notre reporter tout ce qu'il a vécu. Nous avons eu la chance de pouvoir recueillir à chaud les impressions du petit Français après l'incroyable *road movie* dans lequel il s'est trouvé propulsé.

Tout commence en fait sur la route 65, le lundi 12 juillet dernier : Lilian Camblet est abandonné en cours de voyage par le conducteur du bus de la Greyhound qui devait le mener de Chicago à Indianapolis, où il était censé retrouver son père. Témoin d'un accident dramatique entre un camion-citerne et un avion d'épandage (voir notre article du 13/07), il est pris en charge par quatre personnes qui le font monter dans leur voiture. Il s'avère alors que ces individus ne sont autres que les responsables de l'attaque de la Northern City Bank de Brownsburg, en proche banlieue d'Indianapolis (voir notre article du 12/07). On imagine quelle aurait pu être la panique du jeune garçon, mais Lilian Camblet a fait montre d'un exceptionnel sang-froid. « *On leur avait volé le pick-up dans lequel était caché l'argent du hold-up et ils le cherchaient partout* », nous a-t-il expliqué. « *Ils l'ont retrouvé à Monticello, mais la police, qui avait localisé le véhicule avant eux, les attendait. C'était un piège.* » Un piège qui aurait bien pu coûter très cher à Lilian Camblet si cette arrestation n'avait pas été menée par le talentueux capitaine Paterson, de la police criminelle de Monticello. Quelques coups de feu ont bien été échangés, mais aucun blessé n'a été à déplorer : les quatre gangsters se sont très vite rendus. C'est toutefois au cours de l'opération que Lilian Camblet a faussé compagnie à ses ravisseurs sans que personne ne s'en rende compte. Et où trouve-t-il alors refuge ? Dans le pick-up qui contient l'argent du braquage ! C'est là que l'affaire se complique pour le jeune garçon : le pick-up est volé par... un policier ! Le sergent Donald Sullivan vient en effet de profiter de ce que ses collègues étaient occupés pour monter à bord du véhicule et s'enfuir avec le magot. En route, il découvre Lilian sur la plateforme arrière. « *Il a d'abord eu très peur et puis il m'a fait monter dans la cabine avec lui en me promettant de me ramener à Indianapolis* », poursuit Lilian Camblet qui semble ne pas avoir craint cet homme pourtant armé. Mais le capitaine Paterson est alors déjà sur la piste de son subalterne, et c'est à moins de six miles de Monticello que l'aventure s'arrête pour cet individu, jadis connu pour son intégrité. Selon les explications de Lilian Camblet : « *Donald m'a simplement demandé de lui prendre son arme, alors je l'ai fait.* »

Une histoire qui se termine bien puisque Lilian Camblet a retrouvé son père, et qu'ils sont aujourd'hui de retour à Monticello pour témoigner en faveur de Donald Sullivan à son procès. Notre maire, John Stenbroten, en a profité pour remettre hier au jeune garçon les Clés de la Ville au cours d'une cérémonie très applaudie par les habitants.

Clive L. BARRYMORE.

Épilogue

En ce mois de juillet 2015, il n'est pas facile de retrouver l'arrêt de bus de Prairie. Ce qui, quarante ans plus tôt, n'était que champs de maïs, est aujourd'hui une immense zone agricole verdoyante. Là où la route 65 se perdait dans un lointain sans limite, il y a des hangars, des fermes et des silos à grains. Et cet axe qui, en 1976, m'avait semblé si désespérément vide, est désormais presque trop fréquenté. À tel point qu'il m'a fallu passer et repasser plusieurs fois pour être bien certain que j'avais retrouvé l'endroit où toute cette aventure avait commencé.

J'ai finalement décidé d'arrêter ma moto sur le bas-côté quand j'ai vu ce panneau de limitation de vitesse et que l'arrêt de bus de Prairie, depuis longtemps abandonné, m'est enfin apparu. En considérant le paysage autour de moi, je me suis dit que, si mon fils Emmerich se retrouvait aujourd'hui lâché par un bus à cet endroit, il ne lui faudrait pas plus de quelques minutes pour s'en tirer. Il sortirait simplement son téléphone portable de sa poche pour m'appeler et me donner sa géolocalisation, me permettant de venir le chercher.

Le garçon de onze ans qui courait après un bus Greyhound en 1976 n'est pas devenu pilote d'hélicoptère aux États-Unis. Ni policier ni gangster, il ne porte pas non plus de costume gris. Depuis quelques jours, j'ai cinquante ans et je n'ai pas oublié cette aventure incroyable. À elle seule, elle a déterminé toute ma vie.

Gamin, je racontais des mensonges, pour me tirer de mauvais pas, pour épater les copains ou pour m'inventer d'autres vies. J'étais assez doué à ce petit jeu, au point que, sans m'en rendre compte, j'ai appris à tirer le meilleur de mon imagination. Peu à peu, je me suis rendu compte que les histoires que je racontais pouvaient faire rêver les gens autour de moi, comme j'avais rêvé moi aussi en lisant les romans de Jack London, Herman Melville ou Fenimore Cooper. Il suffit bien souvent d'imaginer les choses, de se souvenir de ce qu'on a pu vivre un jour dans sa vie, et de raconter, parfois en déformant juste un tout petit peu, pour soudain tout transformer en de fantastiques récits. Jack London a-t-il vraiment côtoyé une meute de loups ? Herman Melville a-t-il vraiment chassé la baleine ? Fenimore Cooper a-t-il vraiment vécu au milieu des Indiens ? Peu importe. Un jour, quelque chose s'est produit dans la vie de ces hommes et les a décidés à écrire des histoires pour les autres, en mélangeant le vrai et le faux.

Pour ma part, j'ai eu un jour besoin de faire pipi, sur une route entre Chicago et Indianapolis et à partir de cet instant, les événements les plus fous se sont enchaînés comme dans un roman. J'ai vécu chaque péripétie de ce voyage entre terreur et folle excitation. Si j'avais raconté cette aventure à la rentrée scolaire, tout le monde, m'aurait regardé de travers, Yannick Le Floch en tête. Je l'entends d'ici : « Ouais, c'est ça ! Et moi, ma mère, c'est la princesse de Monaco ! »

J'ai donc gardé ces instants incroyables au fond de moi en me disant qu'un jour, je les raconterais et qu'enfin, on me croirait. En grandissant, je me suis dit que le plus simple serait encore d'en faire un livre.

Tout a commencé comme ça.

Souvent, quand je regarde l'heure et que je sens que le temps va me manquer, je repense aux derniers mots de Captain America sur le bord de cette route : « Tu peux pas savoir combien on se sent libre quand on n'a plus l'heure à son poignet. »

C'est précisément le souvenir de cette phrase qui m'a poussé, en ce jour brûlant de juillet 2015, à revenir jusqu'à l'arrêt de bus de Prairie. Lorsque j'ai été tout à fait sûr que je me trouvais au bon endroit, j'ai relevé la manche de mon blouson, détaché la montre Captain America qui ne m'a jamais quitté, et j'ai regardé l'heure, une dernière fois. Il était 15 h 30. J'ai ensuite attaché le bracelet au montant du panneau de signalisation et je l'ai refermé. À nouveau, j'ai observé ce paysage, qui avait tellement changé. Au loin, j'ai vu passer un petit avion qui aspergeait un champ de maïs.

J'ai démarré ma moto et j'ai filé, plein sud. À mille cinq cents miles de là, la Nouvelle Orléans m'attendait. Le carnaval débutait dans deux jours.

THE END

Du même auteur

L'Homme à la voiture bleue (Syros, 2014)
Quelque chose pour le week-end (Pocket, 2016)
Road Tripes (Pocket, 2015)
La Révalorisation des déchets (Pocket, 2015)

Certifié PEFC
Ce produit est issu de forêts gérées durablement et de sources contrôlées.
PEFC 10-31-3068
pefc-france.org

Dépôt légal : mai 2016
N° éditeur : 2016/0200
Achevé d'imprimer en avril 2016 en Espagne par Blackprint CPI